CHAMANISMO

PUERTA ENTRE DOS MUNDOS

CHAMANISMO

PUERTA ENTRE DOS MUNDOS

Pedro Javier Ruiz

Grupo Editorial Tomo, S.A. de C.V.
Nicolás San Juan 1043
03100 México, D.F.

1a. edición, junio 2006.

© *Chamanismo. Puerta entre dos mundos*
Pedro Javier Ruiz
Copyright © FAPA EDICIONES, S.L.
Art, 88. P.O. BOX 19120
08041 Barcelona (España)

© 2006, Grupo Editorial Tomo, S.A. de C.V.
Nicolás San Juan 1043, Col. Del Valle
03100 México, D.F.
Tels. 5575-6615, 5575-8701 y 5575-0186
Fax. 5575-6695
http://www.grupotomo.com.mx
ISBN: 970-775-194-0
Miembro de la Cámara Nacional
de la Industria Editorial No. 2961

Formación tipográfica: Armando Hernández
Diseño de portada: Karla Silva
Supervisor de producción: Leonardo Figueroa

Impreso en México - *Printed in Mexico*

A Claudia, Claudita,
Bienvenida.

Contenido

Presentación

El chamanismo es un objeto de estudio que despierta en Occidente cada vez más interés y curiosidad. En los últimos lustros han sido muchos los investigadores, historiadores y científicos de diversa índole que han dedicado sus esfuerzos a la profundización de tan genuino sistema; asimismo, también la cantidad de estudios y libros que versan sobre el tema ha aumentado considerablemente, y ha acercado los conceptos relacionados al chamanismo a Occidente de diversas formas: desde obras de corte antropológico o científico, enmarcados más bien a los ámbitos especializados en este fenómeno, hasta otras de vocación divulgativa, dirigidas en general al lector no iniciado —pero inteligente y sensitivo—, que aparecen en las estanterías de bibliotecas o librerías con cierta frecuencia.

Nuestro presente texto se enmarca en esta segunda categoría. No se trata de un estudio en profundidad del chamanismo, o de algunas de sus características propias, más bien al contrario. Pretendemos, con el presente volumen, hacer reconocible este fenómeno al lector occidental, tarea ésta nada fácil si tenemos en cuenta que por chamanismo se entiende una práctica extendida por casi todo el mundo, que presenta unos principios comunes en todas sus manifestaciones y a la vez una actitud propia en cada lugar. Cuando hablamos de chamanismo podemos referirnos tanto a poblaciones cercanas al círculo polar ártico como a tribus de Oceanía o pueblos de Centroamérica, entre otros. Cada una de estas sociedades presenta un entendimiento común, no sólo referente a lo sobrenatural o espiritual, sino ante la vida y la misma existencia. Como es lógico, también cada una de ellas presenta un conjunto de creencias, ritos y costumbres propias que dependen fundamentalmente del medio donde se han desarrollado y de los elementos que cada una de estas sociedades ha utilizado para construirse a sí misma.

Nuestro objetivo, por tanto, es desentrañar de manera entendible —que no simple—, todo aquello que nos permite hablar de chamanismo, independientemente de donde tenga o haya tenido su desarrollo este fenómeno y de los elementos propios de su cultura. Su correcta ubicación dependerá de nuestra capacidad de establecer una base común a todas sus manifestaciones, para posteriormente poder centrarnos en las diferencias, la mayoría de veces de carácter meramente cultural. La definición del chamanismo es, por tanto, nuestro primer y principal objetivo, y para su consecución debemos abordarlo desde varias perspectivas. Sólo así obtendremos una visión polifacética y mínimamente completa de un fenómeno que destaca por su complejidad y diversidad de formas.

1. El chamanismo. Definiciones, interpretaciones y situación del chamanismo en la actualidad

1.1. Introducción al chamanismo

El chamanismo es un complejo fenómeno que requiere, para su buen entendimiento, un estudio completo y detallado sobre su ubicación conceptual, los aspectos que lo componen y definen y, sobre todo, el sistema de pensamiento en el que florece. En el momento en que intentamos definir conceptos como "chamanismo" o "chamán" nos adentramos en un terreno sumamente resbaladizo, puesto que la ausencia de conceptos e ideas o de una figura similar en nuestra sociedad dificulta una correcta visualización de lo que esto representa. El chamanismo no es una religión al estilo de las grandes confesiones tradicionales que imperan en Occidente, y el chamán no es, de ninguna forma, ni un sacerdote, ni un curandero, ni un médico al uso. La ardua tarea que supone definir lo más correcta y prudentemente posible lo que representan dichos términos pasa por un estudio amplio y profundo de los elementos que integran este fenómeno, ya sean ideológicos, religiosos o culturales, y de la representación directa de estos elementos en las sociedades donde encontramos prácticas y sistemas chamánicos. En los casos en que sea posible, nos será de inestimable ayuda la comparación con elementos análogos o similares que se encuentran en nuestras culturas occidentales, si bien es un método no exento de ciertos riesgos: los límites en los que se mueve el chamanismo, y por extensión el chamán, deben ser analizados dentro de su propia lógica y entendimiento de la realidad, puesto que es en esta lógica donde realmente tienen sentido la acción y utilidad.

Para entender dichos límites, en los que vamos a movernos en el presente estudio, debemos adentrarnos primeramente en las sociedades chamánicas y en su particular entendimiento de la realidad. De esta lógica concreta, precisa y diferenciada de los esquemas de pensamiento occidentales se delimitará, a su vez, la importancia y función que desarrolla el chamán dentro de este sistema de valores. Las sociedades en las que se ha desarrollado el chamanismo —o en las que ha sobrevivido esta forma de religiosidad, según la línea científica que queramos aceptar— se hallan situadas en los márgenes de nuestra civilización occidental. Encontramos chamanismo —o chamanismos; de nuevo la diversidad de interpretaciones sobre este complejo fenómeno dificulta la concreción y precisión— en las estepas de Siberia septentrional, en Asia Central, en las culturas indígenas de Latinoamérica, en Oceanía y, más difícilmente, en África. A menudo, el contacto de estas sociedades chamánicas con otras formas de civilización ha derivado en un empobrecimiento de estas culturas y, en consecuencia, en una imagen distorsionada de lo que es el chamanismo.

A ello ha contribuido también el galopante etnocentrismo que practicó la ciencia —en concreto, las disciplinas que a nosotros nos interesan, esto es, la antropología, la etnología y, en menor medida, la historia de las religiones— en sus primeras investigaciones sobre el tema. Durante el siglo XIX y gran parte del XX, la cultura occidental no ha logrado desprenderse de cierta soberbia y arrogancia al constituirse en sí misma como el modelo óptimo de evolución y al pretender que el resto de sociedades que cohabitan en el globo terrestre deben acercarse a nuestros postulados para poder gozar de una existencia digna; la falta de una cultura escrita o de los procesos de industrialización que han marcado nuestra sociedad son todavía considerados por muchos como elementos indispensables de la civilización, y los pueblos que carecen de ellos, como sociedades "en vía de desarrollo", "pre-industrializadas" o demás denominaciones que presuponen una sola forma de organización y de pensamiento posible, esto es, la occidental. El estudio del chamanismo y la concepción actual que se tiene en Occidente de este fenómeno —en la mayoría de los casos— está claramente influenciada por esta tendencia etnocentrista, y a menudo los estudios y aproximaciones que disponemos no dejan de tener un carácter de mera curiosidad cultural, sin hacer hincapié en los valores de dichas civilizaciones y su aportación a la cultura universal.

Por ello, consideramos necesario incidir en los aspectos que definen el chamanismo de una manera externa, para así poder concretar el valor preciso de sus actos, ideologías y rituales propios. Nuestro objetivo es tejer un dibujo claramente reconocible de la representación del mundo y de la existencia propia de las sociedades donde se practica el chamanismo. De esta manera podremos entender el valor y la significación precisa de cada uno de los elementos que componen este dibujo, perfectamente integrados en un sistema de ideas que, como el pensamiento científico o las religiones que nos son más cercanas, pretende explicar el funcionamiento de la realidad que captamos mediante los sentidos. Porque el chamanismo, que ha sido definido desde la óptica occidental como técnica —relativa a la modificación de los estados de conciencia—, conocimiento —por la importancia que tiene en su práctica la utilización de ciertas plantas con fines medicinales o alucinógenos—, sabiduría, ideología, religión y muchos epítetos más, no deja de ser, en el fondo, una explicación más del mundo y una respuesta a las cuestiones que angustian al ser humano desde tiempos inmemoriales. El origen y sentido de la existencia, el papel del hombre en ella y su relación con el resto de entidades y seres que la componen —ya sean animales, vegetales o espirituales—, son las líneas fundamentales sobre las que se asienta el chamanismo; el resto de características se derivan directamente de las respuestas que han dado estas sociedades a dichas preguntas; son consecuencia de una manera precisa de entender el mundo.

A pesar de todo, no es nuestra intención prescindir de la óptica occidental en cuanto al estudio del chamanismo se refiere. No podríamos, aunque quisiéramos. Al contrario, es precisamente esta visión occidental del chamanismo la que nos ocupa, y la que procuraremos enriquecer mediante el desentrañamiento de ciertos aspectos extraños a ella, pero no del todo incomprensibles ni inteligibles. Por otra parte, también son de obligada referencia tanto ciertos estudios que se han realizado por etnógrafos, antropólogos e historiadores —entre otros científicos— como nuestros propios esquemas y representaciones mentales de la realidad, por cuanto son estos de los que partimos en busca de nuevos límites y concepciones. La ciencia occidental se ha ocupado del chamanismo con desigual fortuna a lo largo de su corta existencia —la de la ciencia, no la del chamanismo—, y es nuestro propósito intentar ofrecer un panorama lo más amplio y riguroso sobre las interpretaciones que de este fenómeno se han arrojado para que el lector pueda juzgar por sí mismo y configurarse una imagen adecuada sobre el chamanismo, si es posible, desde varios puntos de vista y desde ópticas diferentes pero, en el fondo, no divergentes. Por ello, también es parte importante del presente estudio profundizar en las relaciones entre ambas culturas y en las nuevas formas de entendimiento que se derivan de esta convivencia. Si Occidente ha evolucionado en una dirección concreta y ha obtenido resultados indiscutibles —no siempre provechosos—, las sociedades chamánicas han dirigido sus esfuerzos en otras direcciones, cuyos resultados son también de una inestimable importancia para el conjunto de la humanidad.

1.2. Origen del término chamán

La sola palabra *chamán* inspira una gran cantidad de imágenes en nuestra mente, a menudo difusas, contradictorias y de contenido difícilmente comprensible. Ello no es extraño, si tenemos en cuenta que define conceptos ancestrales y que aún hoy siguen perteneciendo a la región del misterio, de lo desconocido, de lo todavía inexplicable para el hombre.

El desentrañamiento etimológico del término *chamán* tampoco se halla libre de las habituales discusiones y controversias científicas. Durante el siglo XV, y en el curso de las expediciones que marcaron la colonización de las estepas siberianas por parte del imperio ruso, algunos viajeros recogieron en sus narraciones la existencia de extraños hechiceros que, sirviéndose de complejas y arcaicas técnicas extáticas, conseguían sumergirse en extraños estados mentales durante los cuales podían contactar con una realidad alternativa, poblada de espíritus y seres sobrenaturales. Los viajeros observaron que el fenómeno se repetía en diversas tribus y de una manera prácticamente igual, si bien existían algunas diferencias de corte técnico, cultural y social.

Los rusos aceptaron el término aborigen *chamán* para definir a dichos hechiceros. El vocablo procede de la lengua de los tunguses, etnia que habita Siberia septentrional y que fue el objeto de las primeras consideraciones sobre este fenómeno. Los pueblos siberianos y de Asia Central que presentan en su seno el fenómeno chamánico contaban con sus propios términos para denominar al hechicero, al chamán, de su tribu: en el Asia Central se les denomina *bakshi;* entre los yakutos se conoce como *ojón (udujan* para las mujeres chamanas); entre los buriatos, *boö;* entre los samoyedos, *tadibe;* para los turco-altaicos, *kam;* para los finlandeses, *tietöjö;* para los húngaros, *táltos,* para los lapones, *moita.*

Pero desde la perspectiva occidental, el término tungu ha sido el que ha acabado imponiéndose y el que ha extendido su significado hasta límites cada vez más y más amplios; hasta el punto de que, hoy en día, una de las labores más complicadas para el investigador consiste en delimitar con rigor y exactitud hasta dónde llega el significado de la palabra *chamán y,* por extensión, del término *chamanismo.*

La palabra tungu original, *çaman,* deriva del verbo ça-, que significa "conocer", "saber". Por lo tanto, el *çaman* es aquel que conoce, que sabe, que es sabio. Las investigaciones etimológicas tradicionales explican el origen del vocablo en el sánscrito *sramana,* "budista", "asce-

ta", o en el palí *schamana,* que a través de la cultura chi-
no-budista —cuyo término intermedio sería *schamen*—,
llegó a la etnia de los tunguses. Esta teoría, que encontramos en varias enciclopedias y tratados y que fue re-
frendada por el investigador rumano Mircea Eliade, está
hoy prácticamente descartada.

Otras investigaciones etimológicas hacen derivar el
término de otra raíz verbal, que significaría "cantar",
"bailar", "agitarse", en posible referencia a las danzas y
convulsiones que ejecutan los hechiceros durante sus
trances. De cualquier manera, entre las etnias que siguen
haciendo uso de los sistemas chamánicos la significación del término parece estar lo suficientemente clara:
el chamán es aquel que atesora un conocimiento o sabiduría de corte espiritual y que utiliza este conocimiento
para el beneficio de la comunidad o el suyo propio.

Entre los occidentales, que tendemos a apropiarnos
de palabras ajenas a nuestras lenguas sin precisar antes su significado concreto, la definición de chamán
presenta un amplio abanico de posibilidades:

Entre los siberianos y otros grupos de todo el mundo
con creencias análogas, es la persona a quien se atribuyen poderes para curar a los enfermos y comunicarse con el mundo del más allá. *(Enciclopedia. Británica,*
1989)

Persona a la que se le atribuyen poderes especiales
para comunicarse con los espíritus e influir sobre ellos

disociando su alma de su cuerpo. Los espíritus le ayudan a realizar sus tareas, que incluyen descubrir la causa de las enfermedades, del hambre o de cualquier desgracia, y prescribir la solución adecuada. Se les encuentra entre los siberianos y otros pueblos asiáticos, aunque su actividad se desarrolla también entre otras muchas religiones y con otros nombres. *(The Cambridge Enciclopedia,* 1990)

Gran mago y sacerdote de ciertos pueblos primitivos, en especial del norte de Asia. Entre los más famosos se encuentran los chamanes de Siberia. *(Diccionario de las C.O., Manual Moderno,* 1985)

Entre algunos pueblos, especialista de la fe y de las potencias espirituales, que atesora la cualidad de relacionarse ritualmente con ellas; guardián del culto; brujo-hechicero, capaz de introducirse a sí mismo en estados de trance y éxtasis. *(Diccionario Ozhegov,* 1997)

Tampoco los especialistas en la materia y los investigadores consiguen ponerse de acuerdo en cuanto a la definición de chamán:

El que conoce las técnicas arcaicas del éxtasis. (Eliade)

Técnico arquetípico de lo sagrado. Su profesión se desarrolla en el espacio que une la imaginación mítica y la conciencia ordinaria. (Larsen)

Curandero indígena que altera deliberadamente su conciencia a fin de obtener poder y conocimiento proveniente del mundo de los espíritus para ayudar y curar a los miembros de su tribu. (Krippner)

Persona de cualquier sexo que tiene un especial contacto con los espíritus (entendidos como fuerzas no fácilmente evidenciables) y capaz de usar su habilidad para actuar sobre aquellos que están afectados por esos mismos espíritus. (Harner)

Un curador que ha experimentado el mundo de las tinieblas y que ha confrontado sin miedo su propia sombra tanto como lo diabólico de los otros y que puede, con éxito, trabajar con las fuerzas de la oscuridad y de la luz. (Sams)

La problemática en cuanto a la definición, concreta y precisa, del significado de los términos *chamán y chamanismo* no ha disminuido con el tiempo ni la gran cantidad de estudios que se han destinado al tema. Más bien al contrario, en la actualidad es aún más difícil determinar el alcance exacto de estos dos términos, y las distintas disciplinas científicas se han visto obligadas a flexibilizar sus puntos de vista sobre lo que inicialmente se trataba como un hecho aislado, marginal y propio de las civilizaciones primitivas.

A partir del siglo XIX, el término adquirió una mayor importancia y significación al ser considerado por el pensamiento evolucionista como uno de los pasos intermedios —o como el primer paso— del progreso religioso humano desde las formas más simples hasta las grandes religiones de la actualidad. La razón, que estudiaremos concienzudamente en el capítulo correspondiente, la encontramos en el gran número de similitudes entre los sistemas chamánicos y lo que se cree que fueron las primeras manifestaciones y expresiones religiosas del hombre del paleolítico; se encuentran pruebas que inducen a pensar en la existencia de chamanes y de una concepción animista y mágico-religiosa en las sociedades prehistóricas, de igual manera que sobreviven en la actualidad, convenientemente influenciadas, disfrazadas y adaptadas a nuevos medios, en las culturas y lógicas chamánicas contemporáneas.

En la actualidad, pues, y como resultado de esta ampliación de significados que ha experimentado el término, se tiende a denominar *chamán* a lo que antes se llamaba indistintamente "brujo", "hechicero", "curandero" o "adivino". En definitiva, todo aquel que posee poderes mágicos, lo que nos lleva nuevamente a la definición primigenia tungu, "el que sabe", entendiendo dicha sabiduría siempre desde el plano sobrenatural. En Latinoamérica, por ejemplo, los terapeutas locales, urbanos o rurales, se llaman, o se hacen llamar, chamanes; hace treinta años eran curanderos, magos o brujos, puesto que nadie allí conocía la palabra chamán a excepción de unos pocos humanistas o antropólogos. También en Norteamérica, donde anteriormente se hablaba del *medicine-men,* empieza ahora a imponerse el uso del término *chamán.* Y así se va extendiendo cada vez más la significación y la imagen del vocablo, hasta el punto de que se hace necesario distinguir entre chamanes y los antiguamente llamados brujos, hechiceros, adivinos, etc. También ello nos ocupará el correspondiente capítulo más adelante.

1.3. Interpretaciones diversas del chamanismo

Desde su descubrimiento hasta la actualidad, el chamanismo ha sido estudiado desde muchos y muy diversos puntos de vista, que van desde el más riguroso estudio científico, respetuoso con los preceptos y creencias de las tribus que lo practican, hasta el más furioso y despectivo etnocentrismo del que Occidente, desgraciadamente, hace uso en tantas ocasiones.

Las primeras observaciones que revisten un cierto valor científico las encontramos nuevamente en las notas y observaciones de viajeros rusos, la mayoría de ellos notables y eclesiásticos que se hallaban en Siberia o bien con fines evangelizadores o bien exiliados por el poder central a aquellas regiones aisladas, desconocidas e inhóspitas. Muchas de estas primeras observaciones, que marcaron posteriormente las líneas de investigación sobre este peculiar y complejo fenómeno, se hallan viciadas por unas falsas presunciones cientifistas o por el pensamiento cristiano, que condenaba las prácticas chamánicas por diabólicas y heréticas.

Las primeras impresiones sobre el chamanismo no son, pues, demasiado esclarecedoras ni explicativas. Se trata más bien de una relación de hechos y actos que rodean —y definen— esta práctica, expuestas sin la más mínima intención de entender su simbolismo, significación o ubicación dentro del sistema de creencias relacionado a estas etnias. Las convulsiones y cánticos en extrañas lenguas de los chamanes durante los rituales de curación fueron relacionados inmediatamente con la "histeria ártica", trastorno mental y del comportamiento que experimentan algunos individuos expuestos a situaciones climatológicas concretas: la larga noche ártica, las temperaturas extremas, la soledad desértica, pueden llegar a ocasionar la denominada "histeria ártica", que se traduce en una intensa agitación, gritos, miedo a la luz o ecolalia, signos todos ellos relacionados a la vocación chamánica. En lo sucesivo, serían muchos los investigadores que proseguirían en esta dirección y relacionarían el chamanismo no sólo con la histeria ártica, sino con muchas otras enfermedades y psicopatologías tales como la epilepsia, la histeria o la neurosis. A reforzar este punto de vista contribuye, sin duda, la naturaleza enfermiza que caracteriza a los chamanes, los cuales han tenido que sobrevivir a extrañas y mortíferas enfermedades como parte de su vocación y/o iniciación a su profesión. Durante el siglo XX, la antropología culturalista norteamericana primero y la etnopsiquiatría después recogerían esta perspectiva, la desarrollarían convenientemente y darían lugar a un buen número de tesis en las que es perfectamente visible un descarado etnocentrismo y una falta de fundamento tanto en la aplicación de los diversos métodos como en la extracción de conclusiones al respecto. La relación entre psicopatología y chamanismo está hoy prácticamente descartada, al igual que la línea oficial de estudio que aplicaron los observadores soviéticos durante los últimos años, línea que en nombre del marxismo y el ateísmo oficial tacharía a los chamanes de charlatanes y explotadores de la credulidad e incultura de los pueblos primitivos.

También, durante el pasado siglo, las diversas disciplinas científicas fueron adentrándose en el estudio de este complejo fenómeno, y extrajeron, cada una, una serie de conclusiones que nuevamente muestran la riqueza y, en ocasiones, disparidad de opiniones al respecto. Así, la historia de las religiones abordó el problema desde los dos puntos de vista predominantes a principios del siglo XX: el difusionismo y el evolucionismo. El *difusionismo,* que trata los fenómenos religiosos como una idea o hecho central que se va difundiendo a lo largo del tiempo, las injerencias históricas, sociales y culturales y los propios mecanismos de degeneración o mutación propios de estos hechos, propone repasar la historia del chamanismo a la inversa, hasta llegar a su propio "núcleo". Según este punto de vista, el chamanismo sería un fenómeno característico de las estepas septentrionales de Siberia y algunas regiones vecinas (Mongolia, Laponia), y desde allí se iría difundiendo a otros lugares, e incluso otros continentes, como resultado de las primeras migraciones humanas. El historiador ruso Shirokogoroff propone una coincidencia entre la aparición del chamanismo y la difusión del budismo, lo que explicaría la gran influencia que ejerce el segundo sobre el primero. Esta tesis todavía sigue encontrando en la actualidad defensores, entre ellos el mismo Eliade, quien atribuye al chamanismo una fuerte carga de elementos procedentes de las ideas religiosas del antiguo Oriente Próximo, que se introdujeron hasta zonas muy adentradas del Asia Central y contribuyeron decisivamente a su actual configuración. Otros autores difusionistas proponen la solución inversa: habría sido el chamanismo la idea nuclear que posteriormente se habría difundido hasta contactar e influenciar al lamaísmo y al budismo.

La otra tendencia predominante en la historia de las religiones, el *evolucionismo,* señala la necesidad de las sociedades de pasar por ciertas fases históricas que las van configurando poco a poco. Su tarea es, pues, estudiar detenidamente dichas fases y delimitar los procesos evolutivos y sus mecanismos internos. Desde este punto de vista, el chamanismo es considerado como un estadio de desarrollo de la conciencia religiosa humana, uno de los estadios más primarios y directos que posteriormente se vería desplazado por la aparición de las mitologías y, finalmente, de las grandes religiones. Este terreno, peligroso e increíblemente resbaladizo por la carencia de documentos prehistóricos que nos aclaren el valor religioso de ciertos actos, hechos o creencias, es, sin embargo, muy fértil en cuanto al número de hipótesis que arroja y los muchos elementos en los que se apoya. El ruso D. Zelenin, por ejemplo, afirma que, en un principio, se consideraba el origen de las enfermedades en la penetración de los animales en el cuerpo; más tarde, la creencia evolucionó hasta considerar que eran los *espíritus* de los animales los que se introducían en el cuerpo y provocaban la enfermedad y, a la vez, la intervención del chamán, que durante sus trances era capaz de succionar dichos espíritus e incorporarlos a su organismo. De esta manera se explica la creencia de los espíritus como causa de la enfermedad, al igual que la noción de espíritus aliados, que una vez "vencidos" por el chamán le ayudarán en futuras curas, ideas ambas presentes en el chamanismo contemporáneo. Otras nociones relacionadas a este sistema religioso, como el estatus del chamán ante los espíritus, que puede ser de mando del primero a los segundos o de posesión de los segundos al primero, son también estudiadas por los evolucionistas con detenimiento y rigor, intentando matizar el orden y la sucesión de los fenómenos hasta llegar a su mismo origen.

La delimitación de este origen del chamanismo, que sin embargo todos los historiadores actuales coinciden en situar en las poblaciones prehistóricas, constituye otro de los problemas con los que se encuentra la ciencia. De nuevo la disparidad de opiniones se impone sobre cualquier otra consideración, y el investigador debe trabajar con un gran número de teorías, todas ellas susceptibles de ser demostradas y autentificadas dentro de los márgenes de la ciencia. En la actualidad, la tendencia es vincular el chamanismo con las conciencias religiosas más primarias, las propias del primer *homo sapiens.* La religiosidad del hombre de las cavernas parece estar de sobra probada, si bien no lo suficientemente desentrañada ni estudiada; sin embargo, el estudio comparativo de muchas sociedades chamánicas contemporáneas permite pensar que la religiosidad del hombre de las cavernas no era demasiado diferente, ni en el fondo, de una concepción animista de la realidad, ni en la forma, expresada en gran parte, que no toda, en forma de trances extáticos. Algunos evolucionistas no dudan en constatar el contenido chamánico de algunas pinturas rupestres; otros, llevados también por la relación del chamanismo con los pueblos cazadores-recolectores, creen haber encontrado el origen de esta práctica religiosa en el nomadismo pastoral. Otros, como el ya nombrado Shirokogorov o el alemán W. Schmidt, desde una perspectiva más socioeconómica, sitúan el origen del chamanismo más tardíamente, en los albores del neolítico, concretamente en las sociedades agrarias matrilineales; estudiaremos todas estas posibilidades con el detenimiento y el interés que merecen más adelante; por ahora, nos contentamos con dejar manifiesta la gran diversidad de interpretaciones y explicaciones que la ciencia occidental ha dado a este complejo sistema religioso-ideológico-social.

1.4. El chamanismo en la actualidad

La publicación, en 1951, del tratado *El chamanismo y las técnicas arcaicas del éxtasis*, del historiador de las religiones Mircea Eliade, está considerado como uno de los puntos de partida hacia una nueva dirección en el estudio de la materia que nos ocupa. Redactado en un lenguaje técnico y científico, denso en ocasiones pero de gran interés en cada uno de sus capítulos y temáticas, se trata de la primera obra que aborda el chamanismo desde un punto de vista serio y riguroso, y que expone sistemáticamente los diferentes tipos de chamanismos y sus procesos de articulación en diferentes regiones del mundo. Es también el primer estudio que trasciende las ópticas predominantes hasta el momento, es decir, el primero que obvia las explicaciones psicológicas, sociológicas o etnográficas que se habían ido sucediendo durante la mayor parte del siglo XIX y XX. *Las técnicas arcaicas del éxtasis* constituye, además, el primer estudio sobre el tema desde una perspectiva netamente religiosa, con un compromiso místico por parte del autor y que pretende entender el chamanismo como cualquier otra manifestación de la religiosidad, es decir, como una relación más del ser humano con lo sagrado.

El libro contribuyó, en buena parte, a la inmensa popularidad de la que goza hoy en día el chamanismo. Considerado por muchos como el estudio definitivo sobre el tema, aún no superado, combina enfoques históricos, fenomenológicos y comparatistas; reúne gran número de datos referentes a la mitología, ritos, creencias y funcionamiento interno del fenómeno chamánico.

> El chamanismo es una técnica arcaica del éxtasis. El chamán es un *psico-pompo,* especialista en el dominio del fuego, del vuelo mágico y de un trance durante el cual su alma supuestamente abandona el cuerpo para emprender ascensiones celestes o descensos infernales. Mantiene relaciones con "espíritus" a los que domina..., comunica con los muertos, los "demonios" y los espíritus de la naturaleza, sin por ello convertirse en instrumento de estos.

La definición de Eliade sobre el chamanismo sigue siendo hoy inevitable. Al igual que su obra, tanto la referente al chamanismo como el resto de sus publicaciones, que abarcan prácticamente todas las manifestaciones religiosas que se han sucedido a lo largo de la historia y en todos los lugares del globo terráqueo. Las disciplinas científicas que se encargan del estudio del chamanismo siguen en deuda con Eliade, a pesar de que en algunos aspectos ha sido ya superado y, en otros, incomprensiblemente vilipendiado por sus colegas. Le reprochan el reduccionismo que practica, en el que aisla elementos precisos y los reconoce en otros complejos culturales, para así establecer un sistema común a todos los chamanismos, independientemente de que estos elementos tengan un valor concreto en sus sistemas ideológicos que no tiene por qué ser necesariamente el mismo en otro marco cultural. En efecto, Eliade, que en un principio pretende limitar el significado del término chamanismo —que ya empezaba a usarse con preocupante ligereza—, consigue, en cierta manera, el objetivo contrario al definirlo como un conjunto de rasgos, extremadamente precisos en lo que se refiere a los hechos concretos, y necesariamente vagos e indefinidos cuando se trata de reconocer el valor simbólico o religioso de dichos hechos. Este conjunto de rasgos, que según Eliade definen la esencia del chamanismo, no es propio de una etnia o tribu concreta, ni siquiera de un lugar o una región concreta del mundo; al contrario, se presentan, según las teorías del historiador, en muchos lugares y se manifiestan de muy diversas formas. Forman un sistema religioso, o ideológico, que trasciende las formas tradicionales de alineamiento cultural que conocemos para constituir una doctrina transhistórica y transgeográfica, un entendimiento de la realidad que abarca desde las estepas de Siberia septentrional —donde él localiza el mayor grado de expresión del fenómeno chamánico—, hasta América, Oceanía y, en menor medida, África, y que se expresa de muy diversas formas y a través de muy diversos simbolismos pero que busca un mismo objetivo: acceder al mundo de los espíritus mediante trances extáticos para procurar ayuda a la comunidad o a sí mismo. Eliade traza un centro ideológico alrededor del cual gravitan todos los chamanismos, que es el dominio de las técnicas que inducen al éxtasis y, consecuentemente, al contacto con

ese otro mundo poblado por espíritus y seres sobrenaturales.

A pesar de que el chamanismo sigue siendo estudiado desde muchos puntos de vista, el propuesto por
Mircea Eliade sigue siendo el predominante hoy en día
y el que arroja investigaciones y conclusiones más interesantes. El método utilizado por Eliade fascinó a gran
cantidad de etnólogos que dedicaron muchos años a intentar demostrar, no sin cierto rigor, la significación chamánica de tal o cual fenómeno, independientemente de
la realidad socio-cultural en la que se presentara dicho
fenómeno. Sin embargo, las más brillantes investigaciones sobre el chamanismo se han inscrito de lleno en lo
que ya podemos denominar "eliadismo", es decir, en la
búsqueda profunda de lo sagrado a través de los ritos,
simbolismos, mitologías y técnicas concretas. Investigadores como Michael Harner o el español Josep María
Fericgla se adentran en el significado más profundo y
religioso de los viajes chamánicos, de los rituales que
efectúan o de las mitologías de las que se sirven. Es,
por tanto, Eliade el principio de una nueva dirección, no
tan viciada por el etnocentrismo y arrogancia de Occidente y que pretende otorgar a cada hecho chamánico,
desde el espíritu protector hasta la pluma o los casca-
beles del vestuario del chamán, un significado concreto, un valor definido en la relación del hombre con lo
sagrado.

Los debates en torno al chamanismo, a su origen, a
su efectividad o al punto de vista desde el cual debe ser

estudiado siguen aún abiertos. El chamanismo se define, desde su descubrimiento por parte de Occidente, como un sistema religioso. Actualmente también se debate lo adecuado de esta consideración, y se empieza a dar crédito a una posible "religión chamánica", que podría derivarse de otra posible "religión de las cavernas". Éste es otro debate que abordaremos en el momento adecuado. Sirva esta reflexión para mostrar la vigencia del fenómeno chamánico en la actualidad, el interés que suscita entre los medios científicos y la enorme polémica que se crea en torno a él —no es extraño, si se considera que se tratan de una manera muy directa conceptos relacionados a la especie humana, tales como el miedo al dolor, a la enfermedad o a la muerte, o la existencia de otra realidad, de espíritus que pueden ayudarnos en nuestra lucha cotidiana, de seres que no obedecen a las mismas leyes y patrones que nosotros—. Por todo ello, creemos que el estudio sobre el chamanismo no ha hecho más que empezar, y que se seguirán sucediendo estudios, perspectivas y puntos de vista sobre este fenómeno de una manera gradual y cada vez más rigurosa y eficaz. Y todo ello si nos referimos única y exclusivamente al entorno científico.

1.5. El chamanismo como nueva forma de espiritualidad en Occidente

Hasta ahora nos hemos limitado a trazar una historia, sencilla y completa, del estudio y de las interpretaciones que se han ido sucediendo sobre el chamanismo desde una óptica concreta, la occidental, y desde una perspectiva concreta, la ciencia, a través de varias de sus disciplinas como son la antropología, la etnología, la psicología y la historia de las religiones. Sin embargo, el chamanismo ha conseguido abrirse camino desde las lejanas regiones donde se practica hasta el seno mismo de nuestra sociedad occidental, y lo ha hecho de una forma tan dramática que merece también una reflexión sobre este fenómeno.

De sobra conocemos el desgaste que sufren en la actualidad las formas tradicionales de contacto con lo sagrado, que en nuestra civilización se han venido manifestando a lo largo de siglos y siglos en forma de grandes religiones monoteístas, en todo diferentes al chamanismo a pesar de cumplir un mismo objetivo. Pero la evolución concreta que ha vivido la sociedad europea, y por extensión el continente americano, en los últimos cinco siglos, en los que ha pasado de una sociedad teocrática a otra post-industrial, globalizada y eminentemente materialista, ha acabado por hacer de estas religiones una herramienta que en muchas ocasiones se nos presenta como obsoleta, arcaica o simplemente insuficiente. No es nuestro objetivo analizar las causas de este desgaste, si bien es necesario dejar patente que las estructuras religiosas que hasta ahora regían nuestro repertorio cultural están ahora en un periodo, cuanto menos, de readaptación y modernización para poder seguir siendo útiles al hombre del siglo XXI. La religiosidad es una facultad humana que se presta al cambio, a la asimilación de nuevos elementos que consigan llenar vacíos espirituales y al continuo desechamiento de preceptos que pierden su vigor por mostrarse, en la mayoría de ocasiones, más producto de una situación concreta en la historia que de una auténtica necesidad vital humana.

Cansados del materialismo, de la ciencia, de la rigidez de las viejas formas religiosas, en Occidente se vive desde hace ya unas décadas una búsqueda insaciable de nuevas formas de espiritualidad, que en ocasiones degeneran en el ocultismo, la superstición o, en el peor de los casos, la falsa asimilación de preceptos pertenecientes a otras confesiones o sistemas religiosos, tan alejados de los nuestros como del marco socio-cultural. El descubrimiento del chamanismo por una gran parte de la sociedad puede circunscribirse a esta tendencia, con todas las virtudes y defectos que entraña esta manera de asimilar conceptos lejanos a nosotros, exóticos, diferentes. Este proceso, para que resulte realmente rentable para la espiritualidad del hombre occidental, debe hacerse, sin embargo, sin obviar la significación concreta de cada una de estas formas de espiritualidad. Expresado de otra manera, es positivo siempre y cuando se haga el esfuerzo de contextualizar debidamente cada una de estas formas de espiritualidad. Si no, conduce a un empobrecimiento gradual de la cultura tradicional, que de repente se ve salpicada por un sinfín de hechos extraños, anecdóticos e inconexos, y a una falsa asimilación de dichos hechos, que se ven desprovistos de una gran parte de su significación y, por lo tanto, de su eficacia.

Dichos movimientos empiezan a extenderse en Occidente a partir de los años sesenta del pasado siglo XX. En la costa este de EE. UU., miles de jóvenes abrazan la ideología *hippy,* que propugna consignas tales como el retorno del hombre a la naturaleza, al autodescubrimiento y a la conexión con lo infinito, lo absoluto. A su vez, se extienden modas que buscan una nueva espiritualidad en las religiones orientales, exóticas, que se hallan lejos de la visión cristiana occidental: elementos budistas, hinduistas, propios de sistemas religiosos muy alejados de nuestras concepciones culturales se abren paso en nuestra sociedad e intentan conformar una nueva manera de entender las relaciones del hombre con su entorno y consigo mismo. A estas nuevas tendencias, de marcado carácter místico e interiorista, no es ajeno el chamanismo ni muchos de sus preceptos.

Es necesario remarcar que gran parte de los seguidores de esta nueva espiritualidad son personas de clase media, con un nivel económico, social y cultural relativamente alto y con capacidad de decidir, desde sus puestos laborales, en las tendencias e ideas que se imponen al resto de la sociedad. He aquí la principal razón del éxito de estas nuevas formas de espiritualidad, que recogen estructuras claramente no occidentales para asimilarlas, encuadrarlas y matizarlas convenientemente dentro de nuestro sistema de referencias culturales.

En el caso concreto del chamanismo, es obligada referencia el éxito de los libros de Carlos Castañeda, que constituyó la base del actual conocimiento del chamanismo por el grueso de la sociedad occidental y que aún hoy sigue marcando una de las más importantes pautas en cuanto a la influencia del chamanismo en la nueva espiritualidad occidental.

Castañeda, etnógrafo estadounidense de origen latinoamericano, pasó varios veranos estudiando bajo la tutela del brujo-chamán indio yaqui Don Juan, especialista en plantas medicinales y alucinógenos. De su inicial curiosidad y metodología científica pasará Castañeda a profesar una fe casi absoluta en los preceptos chamánicos en los que le instruye Don Juan, y es acerca de esa inicial transformación y de la posterior sabiduría que adquiere sobre lo que versa su extensa obra. Los libros y posteriores conferencias del etnólogo constituyeron un hito y fueron rápidamente asimilados por el movimiento *hippy y* las nuevas tendencias espirituales de Occidente. Después de Castañeda serían muchos los etnólogos y antropólogos que abrazaron la idea de acercar el peculiar universo de los chamanes al grueso de la sociedad occidental mediante libros, charlas, cursillos intensivos y, en los últimos tiempos, foros de Internet que propician el intercambio de experiencias y sensaciones entre los nuevos adeptos. En ocasiones, algunos de estos nuevos gurús han resultado no ser más que estafadores con ansias de riqueza fácil y rápida, si bien hay que destacar, en el ámbito más serio y riguroso, los destacados trabajos de Michael Harner, Peter Furst, Barbara Myerhoff y algunos otros científicos que, siguiendo la estela de Castañeda, se han dedicado a enseñar lo que ellos una vez aprendieron bajo la dirección de diversos chamanes, sobre todo de América del Sur (hasta bien entrado el siglo XX, el estudio de los chamanes siberianos estaba drásticamente restringido a los especialistas soviéticos, y las autoridades de la URSS no permitían la entrada y permanencia de científicos occidentales en el país).

En la actualidad, los nuevos movimientos globalizadores no han hecho más que acentuar este sincretismo espiritual en el que está inmerso Occidente, con todas sus virtudes y defectos. Por una parte es cada vez más próximo el acceso al saber de los chamanes y otras formas de misticismo, sobre todo oriental, ya sea acudiendo a cursos o encuentros de terapia, relajación, yoga, etc., informándose gracias al gran número de libros y estudios sobre el tema, o viajando directamente a los países donde se practica el chamanismo y buscando experiencias reales en este sentido (frecuentemente estas experiencias se realizan gracias al consumo de alucinógenos). Sin embargo, la sociedad occidental sigue sin asimilar, en la mayoría de ocasiones, los preceptos de esta nueva espiritualidad debidamente. Se utilizan con frecuencia como válvulas de escape a la presión a la que está sometido el ciudadano medio occidental, pero el alcance de esta sabiduría raramente trasciende a la vida general o es motor de un cambio en los patrones y valores culturales asentados en nuestra sociedad. Nuevamente debemos llamar la atención sobre la falta de rigor y de auténtico compromiso de nuestra sociedad con estas nuevas formas espirituales: la espiritualidad, como tantas otras cosas, es susceptible de convertirse en un objeto de consumo al uso, rápido, fácil, cómodo y que no requiere esfuerzo alguno por parte del consumidor. Nada que objetar a esto, salvo que la efectividad de estas técnicas está relacionada directamente con el compromiso y la capacidad de autodescubrimiento, autocrítica y trabajo en ese sentido del adepto.

1.6. Supervivencia del chamanismo tradicional

Mientras tanto, el chamanismo tradicional, practicado en los márgenes de nuestra civilización, también ha tenido que enfrentarse a muchos cambios, derivados la mayoría de ellos de los movimientos históricos en los que se hallan inmersas las regiones donde se practica. Este proceso es visible sobre todo en Latinoamérica, donde en la actualidad muchos países están viviendo procesos de industrialización similares a los que asaltaron la sociedad occidental en la primera mitad del siglo XX. Al igual que en nuestras sociedades, este hecho ocasiona graves desajustes sociales, readaptaciones que no llegan a sublimarse, movimientos migratorios del campo a la ciudad primero y a otros países más desarrollados después y un muy preocupante desequilibrio en cuanto al respeto a la naturaleza, base de la cultura de los pueblos indígenas y del chamanismo. La aculturación resultante de esto también afecta, en el caso del chamanismo, a su misma estructura ideológica, que se muestra insuficiente para resolver los problemas derivados del urbanismo y la industrialización y que se ve forzada a efectuar rápidas transformaciones para subsistir.

En las grandes urbes sudamericanas un gran número de indígenas y mestizos viven inmersos en un patrón netamente occidental; sin embargo, la medicina y la religión oficial dominante no son capaces de remediar el vacío que en ellos ha dejado el desarraigo cultural. En Perú, por ejemplo, muchos mestizos e indígenas acuden a la selva en busca de los poderes y del alivio de los chamanes tradicionales; pero la actividad de estos chamanes se ve limitada por las características de los problemas que se pretenden solucionar, en muchos casos ajenos a la estructura ideológica del chamanismo. De igual manera, abundan en las ciudades nuevos chamanes que encuentran similares dificultades para poner en acción sus técnicas, contradictorias con la moral cristiana dominante e inútiles para controlar frustraciones, ansiedades y enfermedades derivadas de la vida urbana y con las que el chamanismo tradicional no tenía la necesidad de enfrentarse. Este problema se está resolviendo con una suerte de sincretismo religioso que recoge —y desecha— elementos indígenas y cristianos a la vez (Perrin, 2001).

Los chamanes tradicionales se ven forzados en muchos casos a emigrar a las ciudades en busca de los nuevos chamanes mestizos, para que les provengan de elementos nuevos tomados del culto cristiano y la vida urbana en general. Esto, unido a los procesos generales que se derivan del desigual contacto entre una cultura dominante —la cristiana— y una dominada —la indígena—, suele resolverse en una especie de misticismo cristiano y búsqueda de la modernidad en las sociedades indígenas. Los chamanes tradicionales regresan avergonzados y acomplejados de su realidad ante el lujo de las ciudades y en ocasiones acaban convirtiéndose en una suerte de profetas moralizantes de sus tribus. Por otra parte, un movimiento inverso lleva a los chamanes mestizos de vuelta a sus selvas y tribus originarias, en busca del saber y la tradición perdidas. Nace así un nuevo chamanismo, híbrido entre las prácticas tradicionales y la moral cristiana, de igual manera que en el Caribe nació la santería hace siglos como resultado de la fusión de elementos cristianos, indígenas y africanos.

Chamanes provistos de arsenales de espíritus pertenecientes al panteón cristiano, competitividad comercial entre los terapeutas y curanderos urbanos, lenguaje publicitario que hace alusiones a espíritus, operaciones, defensas y ataques contra la agresividad urbana, problemas que requieren el desarrollo de nuevas técnicas para combatirlos... Este sincretismo divide a etnólogos y antropólogos entre aquellos que resaltan la gran capacidad del chamanismo para sobrevivir a las sucesivas oleadas

de la historia y para integrar elementos ajenos a su sistema y otros que ven en estas prácticas un rápido e inevitable empobrecimiento de la cultura indígena, de su
repertorio y de los recursos que utiliza. Si consideramos
el chamanismo como una mera práctica terapéutica
cuyo objetivo fundamental es moderar las desgracias,
el proceso que se da en la actualidad es positivo en
cuanto que aumenta su capacidad y radio de acción.
Visto desde un punto de vista religioso o ideológico, sin
embargo, se observa una regresión y esparción no de las
prácticas y rituales, sino del sistema y la filosofía de unión
con la naturaleza propio del chamanismo: las representaciones del mundo que propone este nuevo chamanismo mestizo suelen ser rápidas, fugaces e inconsistentes,
apoyadas no en una visión cosmogónica del mundo o
en la lógica propiamente chamánica, sino en cuestiones de modas, tendencias y morales generadas en estadios culturales diferentes a los tradicionalmente
indígenas.

En Siberia el caso es diferente. El aislamiento de las
regiones donde se practica el chamanismo, las condiciones climáticas extremas y la ineficacia de los gobier-
nos —zaristas, soviéticos y ahora rusos— para revitalizar
industrial y económicamente estos lugares de una manera definitiva, han contribuido a una mayor preserva-
ción del chamanismo en su estadio original. La evolución
se articula aquí, principalmente, por el paso que han
hecho estas sociedades de un patrón cazador-recolec-
tor a otro, el actual, netamente ganadero y agricultor, y

el consiguiente cambio del universo chamánico para adaptarse a esta nueva circunstancia. Si tradicionalmente las tribus cazadoras creían en la existencia de espíritus animales, con los que el chamán establecía relaciones de astucia, seducción e igualdad de condiciones, las nuevas estructuras sociales han dado paso a una concepción "vertical" de los espíritus, que pueden ser ahora "celestes" o "infernales" y a los que el chamán venera y alaba para conseguir sus favores. La riqueza ideológica y simbólica propia de las sociedades cazadoras-recolectoras se ha resentido, pero todavía pervive en sociedades que se dedican al pastoreo, que conservan gran parte de la ideología arcaica.

Dependiendo del grado de integración en la cultura occidental, las tribus siberianas han ido adaptando sus sistemas sociales, ideológicos y religiosos, y articulando ciertas formas nuevas de religiosidad. Las sociedades que siguen siendo cazadoras-recolectoras conservan intacta la figura del chamán-curandero, que sigue siendo, a su vez, la máxima y única personalidad en cuanto a lo sobrenatural y religioso se refiere. Las sociedades agrarias, a pesar de conservar al chamán como especialista terapéutico, han asimilado también la figura del sacerdote, que se encarga de dirigir los rituales regulares y disputa así al chamán su dominio sobre lo sobrenatural. Por último, en sociedades que registran un grado de integración mayor con la civilización occidental, el chamán debe compartir su protagonismo con sacerdotes al servicio de la Iglesia ortodoxa, médicos tradicionales y nuevas formas que se han desarrollado, tales como sociedades secretas esotéricas, brujos, curanderos "laicos", etcétera.

A pesar de que la progresiva integración de estas sociedades a la cultura occidental amenaza con convertir al chamanismo siberiano en un rudimentario y arcaico sistema ideológico, cuyos méritos terapéuticos tienen que competir constantemente con la medicina oficial y la ciencia, estos procesos se intuyen todavía lentos y no del todo eficaces. Durante la existencia del estado soviético, que propugnaba abiertamente su simpatía por el ateísmo y combatía acérrimamente "la superstición e ignorancia" de estas sociedades, el chamanismo consiguió sobrevivir, reducido, eso sí, a una esfera doméstica y familiar. Los secretos de la profesión seguían pasando de generación en generación, a pesar de que su puesta en práctica tuviera que llevarse a cabo con el máximo cuidado y precaución. Tras el desmembramiento de la URSS y la llegada de nuevas preocupaciones de tipo económico y político al poder ruso, el chamanismo dejó de ser perseguido y en la actualidad vive un momento de gran consideración por parte de numerosas esferas de la sociedad rusa, que acuden a Siberia y a las estepas del Asia Central en busca de remedios y respuestas nuevas. A pesar, pues, de las enormes dificultades que atraviesa el chamanismo siberiano para conservar intacta su estructura ideológica, su situación es más esperanzadora que la referente a Latinoamérica.

1.7. Chamanismo de consumo.
Neochamanismo. Chamanismo esencial

Paralelamente a este proceso, ciertas formas de chamanismo se van abriendo camino en Occidente. El mestizaje cultural que se está viviendo durante las últimas décadas, así como un cierto cansancio registrado en las civilizaciones industrializadas en lo que respecta a las formas tradicionales de espiritualidad son los factores principales que facilitan esta especie de sincretismo cultural y espiritual. Para los defensores del chamanismo tradicional, estas nuevas formas no gozan de demasiada credibilidad, si bien su impacto es innegable. En la misma esfera podemos situar también otras disciplinas de origen oriental, como ciertas formas de meditación, yoga, reiki, taichi y otras filosofías e ideologías que se han ido introduciendo, poco a poco, en nuestro sistema de vida. El chamanismo no es ninguna excepción, ni en lo referente a las formas y recursos que utiliza para hacerse un hueco en nuestra sociedad, ni en la efectividad y pureza que registran estas formas.

Obviando el gran número de estudios que en los últimos años han visto la luz por parte de científicos y antropólogos, la publicación de numerosas obras de ficción que tratan el tema y que están dirigidas al gran público es una clara muestra del interés que suscita el tema en nuestra sociedad —la exitosa novela de Noah Gordon, *Chamán,* que completa una trilogía dedicada a los sistemas médicos americanos, tanto tradicionales como importados tras el descubrimiento, es una clara muestra de ello—. Tras el éxito arrollador de Castañeda en la décadas de los sesenta y setenta, son muchos los escritores occidentales que, habiendo tenido la oportunidad de tratar con chamanes y de instruirse con ellos, han decidido narrar sus experiencias y su particular visión del universo: son obras de una densidad espiritual notable, si bien carecen de una estructura científica y, en muchas ocasiones, pueden pasar por meros panfletos visionarios sin fundamento. Es especialmente importante, al relacionarse con estas obras, la capacidad del lector de desentrañar el especial —y personalísimo— carácter de las visiones y significaciones que describen los autores.

El chamanismo, en su versión más adaptada a la civilización occidental, no ha conseguido escapar a la monstruosa maquinaria que supone la civilización de consumo. Es lo que se ha dado en llamar *chamanismo de consumo,* que sitúa esta práctica milenaria al mismo nivel que cualquier otro bien de consumo. Se organizan viajes que tienen como fin poner en contacto a turistas occidentales con chamanes, una suerte de turismo chamánico cuya efectividad es cuestionable en cuanto a que no requiere demasiado esfuerzo intelectual, emocional o moral por parte del usuario. Se organizan cursos intensivos que prometen un saber ancestral por apenas unos cuantos euros o dólares, de nuevo sin que esto le suponga al occidental medio ningún esfuerzo ni ruptura con sus convicciones materialistas ya firmemente arraigadas. Y todo ello, naturalmente, conlleva la generación de unos ingresos millonarios para los organizadores, que no dudan en recurrir a las más modernas e innovadoras técnicas de *marketing y* comercialización de sus productos.

No nos corresponde a nosotros el juzgar el valor moral de esta moda, ni tampoco sus implicaciones con el sistema de consumo imperante en nuestra sociedad y que en tantos puntos se muestra contrario a los preceptos naturales del chamanismo. Sí podemos, sin embargo, constatar que los medios y técnicas que utiliza este chamanismo de consumo son raramente efectivas: no tanto por el marco cultural en que se desarrolla este fenómeno, sino por la escasa responsabilidad que se le confiere al principiante, que en ningún caso experimenta los procesos mentales y espirituales relacionados al chamanismo, ni la ruptura con su anterior condición a un nivel palpable, ni tampoco un compromiso social o espiritual con su comunidad. Es un chamanismo a la carta, que sirve más bien de promovedor de los problemas y ansiedades que agobian al occidental medio que como un método de expansión de la conciencia y, consecuentemente, de reinterpretación de la realidad en que vivimos.

Este fenómeno es susceptible de ser confundido con otro de características similares, al que los expertos denominan *neochamanismo*. El neochamanismo comparte una misma ubicación en el marco de la cultura occidental, si bien sus postulados y pretensiones son radicalmente diferentes; se define, técnicamente, como parte integradora de los nuevos movimientos místicos que se dan en Occidente y su aparición está íntimamente ligada a los movimientos contraculturales de los años sesenta y a la difusión de la obra de Castañeda. En base a las cualidades espirituales relacionados al chamanismo y a su capacidad de facilitar experiencias trascendentales, se busca, mediante este movimiento, una reformulación de las creencias y principios de nuestra sociedad, en un intento de llenar el vacío que ha dejado el desgaste de las formas religiosas tradicionales. Es un fenómeno transcultural, que utiliza unos conocimientos básicos procedentes principalmente de los chamanismos americanos para elaborar nuevas concepciones y soluciones a unos problemas concretos, los que vive la sociedad contemporánea post-industrial.

Joan B. Townsend, profesora y antropóloga canadiense especialista en movimientos espirituales de la Nueva Era, define el neochamanismo como un movimiento que combina "aspectos específicos del chamanismo tradicional, procedente de diversas sociedades alrededor del mundo, con un nuevo complejo de prácticas y creencias". En su artículo "Neochamanismo y el movimiento místico moderno", que aparece en la valiosa compilación de Gary Doore *El viaje del chamán: curación, poder y crecimiento personal,* Townsend incide en la influencia que este nuevo movimiento está ejerciendo en la civilización occidental y establece, como característica principal del chamanismo, la capacidad de experimentar realidades alternativas, en las cuales es posible encontrar soluciones y aplicaciones directas a la realidad ordinaria. Por supuesto, las técnicas y el ideario de los nuevos chamanes son diferentes, de una naturaleza sincrética, que combinan soluciones del chamanismo tradicional con las de la medicina y ciencia occidental.

Muchos neochamanes son individuos en busca de trascendencia, que no suelen afiliarse a organizaciones duraderas o claramente definidas, como las iglesias o grupos de "culto". En realidad, sus "grupos" no son más que pequeñas aglomeraciones de gente que se reúne en talleres y asambleas locales. Estos grupos, raramente dotados de una estructura social, son amorfos y relativamente de poca duración. La gente participa con frecuencia en varios grupos de este género simultáneamente, en uno de los cuales puede que se haga hincapié en el neochamanismo, en otro en la curación, en otro en el desarrollo psíquico y en otro en sesiones espiritistas...

A veces, los neochamanes utilizan técnicas del chamanismo clásico para curar, tales como la de succionar para eliminar el objeto intruso en esta realidad y en la realidad alternativa, o la de viajar a la realidad alternativa para rescatar un alma perdida o un espíritu de poder. Sin embargo, su interpretación de la enfermedad es más amplia. La mayoría acepta la teoría de los gérmenes, así como otros modelos occidenta-

les contemporáneos sobre las causas de las enfermedades, y reconoce el valor de las técnicas de la medicina moderna. En la mayoría de los casos, la curación
chamánica (psíquica o espiritual) se considera adjunta
a la medicina occidental, más que una opción alternativa. No obstante, existe un sentimiento, compartido
por los miembros del sistema de creencias neocha-
mánico y los del movimiento místico en general, de
decepción con respecto a la medicina occidental, pero
son muchos los que opinan que ha ido demasiado
lejos. Con frecuencia se perjudica a los pacientes, en
lugar de ayudarles.

En su extenso y completísimo artículo, Townsend
incide en uno de los aspectos que más interesan al investigador del chamanismo: la definición de la figura del
chamán frente a otras más conocidas en la cultura occidental, como los médium o curanderos. Según la antropóloga canadiense, resulta ahora especialmente difícil
distinguir todas estas figuras, debido a que están estrechamente relacionadas entre sí en el complejo entramado que representa la mística moderna occidental.

Técnicas tales como la imposición de manos, la curación del aura, la curación por meditación a distancia y
con la asistencia de ayudantes espirituales, o los viajes chamánicos y la extracción de la enfermedad, se
consideran como suplementos útiles a las terapias
ortodoxas. A veces éstas pueden triunfar donde ha

fracasado la medicina convencional y curar al paciente desahuciado. La curación no es sólo física, la curación del espíritu y la armonía del paciente consigo mismo y con el "universo" se consideran de igual o mayor importancia... Claramente, la línea que separa a los chamanes tradicionales y a los neochamanes contemporáneos por una parte, y de los videntes y espiritistas por otra, es sumamente sutil.

En cuanto a las connotaciones sociales del neochamanismo, Townsend remarca la importancia de la solidaridad entre los humanos y la ecología —en realidad, solidaridad del humano hacia la naturaleza— como elementos esenciales que articulan esta nueva forma de espiritualidad. Ateniéndonos a las raíces *hippies* de este movimiento, al igual que de otros pertenecientes a la Nueva Era, el neochamanismo presta una especial importancia a eliminar algunos comportamientos occidentales claramente nocivos y perjudiciales para la naturaleza y, como parte de ella, para el hombre.

El artículo se refiere, por último, a la efectividad y proyección de este movimiento. Ante las críticas que recibe el neochamanismo por su naturaleza indisciplinada y por los métodos a través de los que se filtra en la sociedad occidental, considerados por muchos demasiado rápidos y "cómodos", la antropóloga canadiense cita a Michael Harner, reconocido especialista en chamanismo, tanto tradicional como en sus versiones más modernas y occidentales, que defiende la efectividad de estos cursos y terapias, a menudo de escasa duración y exigencia con el pupilo, como la única respuesta posible al ritmo que requiere la sociedad occidental y a la apresurada marcha destructiva de la naturaleza que imprimen las grandes potencias mundiales en su afán productivo y económico. Townsend descarta, por otra parte, que el neochamanismo sea una moda de escasa trascendencia en el futuro.

Es posible cambiar radicalmente la actitud y por consiguiente el rumbo de la historia mundial por medio del trabajo místico, conforme prolifere entre la población del planeta. Sin un cambio de rumbo importante, el mundo se encamina a la destrucción. Por el camino de la mística y conscientes de la unión de todo cuanto existe, se conseguiría un mundo nuevo y mejor en esta realidad, además de la paz que aporta la trascendencia... El chamanismo posee importantes verdades místicas y el potencial de experiencias trascendentes que mucha gente en la sociedad occidental anhela con ahínco... Así pues, creo que el neochamanismo y el resto del movimiento místico no constituyen una moda pasajera en una sociedad seglar y consumista, sino que suponen una tendencia importante, en potencia capaz de cambiar radicalmente las tendencias de la sociedad occidental.

En consonancia con la visión de Townsend, si bien actuando en otra esfera del ser humano, encontramos otra tendencia intrínseca al chamanismo, que en los últimos años está cobrando una gran importancia y que se ha denominado *chamanismo esencial*. El chamanismo esencial, que podemos definir como una de las direcciones que se hallan dentro del chamanismo, guarda una especial importancia por la gran cantidad de coincidencias que presenta con algunas creencias del chamanismo tradicional, si bien su desarrollo se ha dado prioritariamente en la sociedad occidental, y enmarcada dentro de las nuevas tendencias místicas en general y del neochamanismo en particular. Representa, quizá, la tendencia más profunda y absoluta del fenómeno chamánico, y es uno de sus máximos representantes, Don Juan Ruiz Naipuri, chamán peruano de reputada experiencia, quien lo define en una conferencia sobre chamanismo andino como la forma primaria del chamanismo, aquella que tiene como objetivo no la simple curación de enfermedades, sino el más profundo autoconocimiento.

El chamanismo, antiguamente, fue practicado por una élite sacerdotal, y lo que conocemos por chamanismo, sobre todo en Perú, después de quinientos años, no es el chamanismo auténtico, porque está desprovisto de lo que es el trabajo de autodescubrimiento. Podríamos decir que el chamanismo que se practica ahora es como la medicina oficial, donde el paciente va al médico para que le solucione el problema y el doctor intenta solucionarle su afección a través de unas sustancias químicas sin llegar a la esencia de la enfermedad...

Algo sucedió en las esferas chamánicas y ese algo fue precisamente que abandonaron el autodescubrimiento, abandonaron el trabajo psicológico y espiritual, porque el trabajo psicológico y espiritual requieren de un esfuerzo. Y para lanzarnos a la búsqueda del autodescubrimiento y a tocar otras esferas espirituales, necesitaremos energía y si no tenemos energía, no tenemos esa pasión con la cual investigar y hacernos acreedores de esos misterios que están en el universo.

El chamanismo esencial va mucho más allá de lo que es una acción de sanar, de curar el cuerpo físico. Podría decir sin temor a equivocarme, por ejemplo, que el príncipe Gautama Sakyamuni, el Buda, era un chamán. Su labor la enfocó realmente a lo que es el autodescubrimiento. El propio Jesús, el Cristo, su actitud, su trabajo, era eminentemente chamánico. El trabajo, la obra que le enseña Krishna a Arjuna es chamánico también. El trabajo del propio Krishnamurti también es un trabajo chamánico en el sentido de que es un camino que nos permite lo que es el autodescubrimiento.

Juan Ruiz lleva el chamanismo hasta los límites más trascendentales, y convierte la práctica chamánica en una labor equivalente a la mística religiosa. Las referencias a Buda, Cristo y Krishna no son accidentales: expresan un lenguaje de profundidad y unas posibilidades espirituales mayores incluso que las del chamanismo tradicional practicado en Siberia, Asia y América. Volveremos sobre el chamanismo esencial y sus postulados más adelante. De momento nos interesa dejar constancia de su existencia como parte de las prácticas chamánicas y de las nuevas formas de espiritualidad occidentales. Por otra parte, es remarcable la coincidencia de la opinión de Juan Ruiz con muchos de los mitos del chamanismo tradicional, que establecen la existencia de unos chamanes primigenios mucho más poderosos que los actuales, capaces de realizar proezas que ahora resultarían increíbles.

Lo que quiero dejar bien asentado es que hubo un chamanismo de un alto nivel y que estaba basado fundamentalmente en el autodescubrimiento, más allá de esas acciones de magia o de brujería o de hechicería que se practican comúnmente hoy en día y que nada tienen que ver con lo que fue el chamanismo esencial o aristocrático que existió en las épocas antiguas en todos los confines del planeta Tierra.

La nueva dimensión que arroja sobre el chamanismo don Juan Ruiz merece un detenido estudio, ya que constituye por sí misma un tipo de chamanismo, con sus propias estructuras y teorías. A nosotros, en el presente punto de este estudio, nos interesa tan sólo dejar constancia de las diversas formas de existencia de las que consta el chamanismo en el mundo actual. Junto a los nuevos chamanismos que se desarrollan en la sociedad occidental, el chamanismo esencial tiene un lugar por sí mismo. En el segundo volumen de este estudio nos dedicaremos a estudiarlo en profundidad, y por ello hemos dejado constancia de su existencia. Por lo demás, ahora nos interesa constatar la variedad y diversidad de formas de este fenómeno, tanto en su versión tradicional —no olvidemos que se trata de una práctica repartida por casi todos los rincones del globo— como en las más modernas y sincréticas, que se dan, sobre todo, en la sociedad occidental y cuya importancia no ha hecho más que empezar a ponderarse.

2. Chamanismo y religión

2.1. El chamanismo: ¿Sistema religioso o religión?

El lector habrá podido observar que en los capítulos precedentes nos hemos referido al chamanismo siempre como un sistema religioso o ideológico. Esto se debe más a la necesidad de ajustarnos a las definiciones tradicionales que la antropología ha arrojado sobre el chamanismo, los sistemas religiosos y la religión propiamente dicha. Sin embargo, la cuestión tampoco está exenta de debate, y creemos necesario estudiarla detenidamente para una más correcta ubicación del fenómeno chamánico. Influyen muchos y muy variados factores en la denominación del chamanismo como un sistema religioso, y todos ellos emanan de la óptica occidental sobre la cuestión; la posibilidad de hablar con propiedad de una religión chamánica, sin embargo, procede también de los trabajos de etnólogos, antropólogos e historiadores de las religiones que en Occidente se preguntan sobre la posibilidad de establecer un cierto número de factores comunes a todos los chamanismos que nos permitirían hablar con todo derecho de una religión. La cuestión mantiene enfrentados a un buen número de investigadores, si bien las sociedades que practican el chamanismo son totalmente ajenas a esta polémica.

Se define un sistema religioso como un conjunto de ideas religiosas, aparentemente inconexas entre sí, que justifican una serie de creencias y actos. El pensamiento evolucionista entiende estos sistemas religiosos como el paso previo que necesariamente dará lugar a una religión, esto es, la ordenación de dichas ideas dentro de un sistema perfectamente estructurado y con un objetivo concreto. Previamente a la formación de una religión, con sus líneas filosóficas y de pensamiento, sus ritos y sus objetivos perfectamente delimitados, dichos elementos han ido apareciendo de forma desordenada y aparentemente ilógica, para luego ir ordenándose dentro de un esquema preciso, reconocible y diferenciado tanto de su estado precedente como del resto de religiones. Las grandes religiones se nutren de elementos culturales que existían en la sociedad donde se han formado: la capacidad de los profetas y teóricos de elegir los elementos adecuados y desechar los que no son válidos, así como la densidad e idiosincrasia del pensamiento que es capaz de ordenar todos **estos** elementos y conferirles una unidad y una lógica precisas marcarán la personalidad de dicha religión. Así, el judaísmo se nutre de elementos presentes en las diversas tribus semíticas, recoge elementos propios de esta cultura y, a la vez, desarrolla nuevas líneas de pensamiento y objetivos; a su vez, el cristianismo se nutre esencialmente de los preceptos judaicos, si bien recoge para sí elementos de las culturas indoeuropeas con las que convive y desarrolla también una ideología nueva y personal, en todo diferente a las que la preceden. El ejemplo es válido para la mayoría de confesiones.

El chamanismo, técnicamente, debe definirse como un sistema religioso y no como una religión. Los diferentes elementos de los que se componen no están ordenados de una manera lógica ni pueden ser estudiados como partes de un todo, puesto que cada uno de ellos tiene un valor intrínseco que sólo en determinadas ocasiones se relaciona con el resto. No goza, tampoco, de un saber ancestral recogido en escrituras que determinen su veracidad: esto se traduce en la carencia de dogmas religiosos aceptados unánimemente por sus seguidores y practicantes. De esta manera, tampoco encontramos jerarquías religiosas, ni templos, ni cultos establecidos, ni festividades de obligada celebración que están sujetas a un calendario fijo. Y, mucho más importante, no hallamos una moral ni una línea ideológica que marque cómo debe ser el hombre y cómo debe comportarse con su comunidad y con las realidades espirituales.

Su temperamento es claramente individualista y precisa. Es el problema concreto lo que motiva una actuación y una explicación determinadas, que en cada caso son diferentes y dependen de la imaginería personal del chamán que dirije la resolución de este problema. No existen unas normas preestablecidas ni una relación causa-efecto que sea siempre aplicable; la resolución de un problema tampoco debe marcar necesariamente una táctica o estrategia que debe seguirse en un futuro ante circunstancias similares. En comunidades donde conviven varios chamanes, las soluciones propuestas por uno de ellos no son aceptadas como verdades absolutas e inmutables: muy al contrario, a menudo son discutidas, no sólo por el resto de chamanes, sino por los mismos clientes que visitan a varios de ellos antes de decidir en quién confiar.

Ateniéndonos a este punto de vista, debemos concebir el chamanismo como un sistema religioso que articula una serie de actos y creencias sin la pretensión de hacer de estos una estructura perfectamente definida, donde cada elemento guarda un sentido y una significación en cuanto a su relación con el resto. Al contrario, en el chamanismo prima la concreción de cada uno de los elementos, que goza de autonomía y significación propias sin necesidad de enmarcarse en un todo claramente definido. Este punto de vista cobra una especial relevancia si tenemos en cuenta que cada una de las comunidades donde se viven prácticas chamánicas cuenta con su propia visión del mundo, sus mitologías y simbologías características, sus sistemas de organización social y política y sus influencias culturales determinadas, perfectamente diferenciadas. Sería ridículo pretender una semejanza cultural entre una tribu de Latinoamérica y otra ubicada en las frías estepas de Siberia septentrional. Les une su común concepción de la realidad y la creencia de que ciertas personas están capacitadas para acceder a un saber oculto a la gran mayoría, de lo que se derivan ciertas funciones sociales específicas.

Ni hay creencias chamánicas ni hay un culto chamánico, o religión chamánica, por la sencilla razón de que el chamanismo no designa un conjunto de creencias que se manifiestan a través de un grupo de costumbres, sino que simplemente afirma la existencia de un cierto tipo de personas con una función religiosa o social... Se puede hablar de religiones animatistas, animistas, totémicas, etc., pero no de religión chamanista, porque precisamente los pueblos que tienen chamanes tienen también otro tipo de creencias que designan con los términos específicos mencionados anteriormente. (A. Van Gennep, 1903)

Efectivamente, las sociedades donde se encuentran prácticas chamánicas no presentan un acuerdo en cuanto a la naturaleza de las creencias que profesan. El chamanismo no regula de ninguna manera las creencias o el culto de las etnias que lo practican. Al contrario, se presenta como un elemento anexo a estas creencias, con un objetivo concreto. Ya hemos visto que en diversas poblaciones, el chamán convive con otra figura, la

del sacerdote. Corresponde a este último la organización y conducción de los ritos propios que establecen
las creencias específicas de estas poblaciones y no al
chamán, cuya función ya ha sido explicada anteriormente. Este rasgo no es común a todas las sociedades
chamánicas, y depende de la propia idiosincrasia de
cada una de ellas y de sus creencias. En sociedades
donde predomina el animismo como forma religiosa,
la existencia de dioses no es necesaria, y si se presenta
no guarda una gran relevancia: es propio de estas sociedades creer en una infinidad de espíritus antes que en
unos pocos dioses —o un dios único—, por lo que no
se precisa de rituales específicos en honor a estos. De
igual manera sucede en aquellas religiones de corte to-
témico, donde es la identificación del sujeto con ciertos
objetos o animales —que a su vez son identificados como manifestaciones o receptáculos de ciertos espíritus—
la que articula la religiosidad y los actos —ofrendas, plegarias, etc.— de estas sociedades.

Pero en sociedades que han desarrollado sistemas
religiosos politeístas y monoteístas se hace necesaria la
existencia de un sacerdote, conocedor de la naturaleza
de cada uno de estos dioses y de los rituales que precisan. En estos casos, la función del chamán se halla estrictamente limitada a los supuestos estudiados en el
capítulo anterior. Su relación con el mundo de los espíritus en nada contradice la existencia de un dios único,
creador del mundo, que guarda la categoría de *deus
otiosus,* es decir, de fuerza creadora y omnipotente que,

una vez consumada su obra, se retiró a otras regiones del cosmos y ya no interviene en los asuntos de los hombres. De igual manera, los sistemas politeístas presentan una estructura similar, si bien el proceso de relegación de las deidades a la categoría de ociosas se presenta de una manera repetitiva, y los panteones son reemplazados continuamente según las necesidades prácticas de la sociedad y la evolución interna del sistema. Estas deidades, ya sean muchas o una sola, se ocupan de asuntos más elevados cuyo conocimiento no le está permitido al hombre; por el contrario, los avalares cotidianos quedan en manos de espíritus y fuerzas menores, que son con las que trata el chamán; esto no excluye la posibilidad de que el chamán, en ocasiones, pueda comunicarse con los dioses, si bien no se da con tanta frecuencia porque, en general, los asuntos que trata no son merecedores de ello.

Ser chamán no significa profesar ciertas creencias, sino recurrir a un cierto tipo de comunicación con lo sobrenatural. (E. Lot-Falck, 1973).

Observamos que la existencia de ciertas prácticas chamarileas, no constituye una religión en sí misma, puesto que el chamanismo aparece asociado a otras creencias que no contradicen en absoluto los preceptos de la lógica chamánica, sino que consiguen asimilarlos y generar una convivencia entre ambos. Sin embargo, esta línea de pensamiento, en realidad, limita la significación del chamán a la de mero terapeuta y obvia muchos de los componentes espirituales intrínsecos al chamanismo en general. Si extendemos la definición de religión a la de una representación de la realidad, hallaremos suficientes indicios para considerar la existencia de una religión chamánica. Porque a pesar de las inevitables diferencias existentes entre las diferentes culturas y creencias donde se manifiesta el chamanismo, podemos encontrar ciertas premisas comunes a todas ellas, premisas éstas que van más allá del simple acto terapéutico y que constituyen una visión única del mundo. Y encontraremos como de esta visión concreta se derivan una serie de actos, ritos y creencias que trascienden, y en mucho, la limitada función sanadora del chamán. A continuación, analizaremos estas premisas que nos permiten hablar con propiedad de una religión chamánica.

2.2. La religión chamánica

Si en las grandes religiones tradicionales encontramos una visión de la realidad claramente definida, que delimita el origen y sentido de la existencia y el papel concreto del hombre en ella, también en el chamanismo encontramos estos elementos, definitorios del concepto de religión, si bien la especial idiosincrasia de este fenómeno nos hace más difícil concretarlos y establecer una pauta común que nos permita hablar de religión chamánica. Las diferentes cosmogonías y mitologías ofrecen una visión particular de la existencia y propician la manifestación de ciertos ritos y actos concretos estrechamente relacionados con ellas. Sin embargo, la variedad y diversidad tanto de los mitos como de los procesos que generan los ritos dificulta el estudio concreto del chamanismo como una religión. Su marcado carácter individual, así como la dispersión del fenómeno a través del globo terráqueo y su convivencia con diversas creencias juegan un papel fundamental en la concepción occidental del chamanismo, que se resiste en su gran mayoría a observar este fenómeno de una manera global.

De igual manera que en las religiones tradicionales, la representación conceptual del mundo está directamente relacionada con los actos que derivan de esta representación concreta, también en el chamanismo encontramos una inevitable relación entre la creencia y el acto de ella resultante. En el cristianismo, por ejemplo, hallamos una visión concreta del mundo y del papel que el hombre juega en él: esta visión está recogida en las Sagradas Escrituras, y de su interpretación se generan una serie de actos que el fiel debe guardar necesariamente: los sacramentos, la liturgia, la oración, diversos actos de carácter cultural o marcados por la tradición, como la celebración de algunas festividades, romerías y peregrinaciones, y otros que guardan una más estrecha relación con el individuo en sí, tales como el examen de conciencia, la necesidad de guardar ciertas normas morales, etc. El Islam también recoge su saber en unas Escrituras, y de la lectura e interpretación de estas escrituras se derivan también una serie de actos cuyo sentido no se puede separar de la visión, concreta y definida, de esta religión sobre el mundo (de nuevo aquí encontramos actos tales como la oración, la peregrinación, la bendición, etc., así como otros que delimitan el papel del hombre no ya ante Dios o la Creación, sino ante sus semejantes).

El chamanismo es también una visión particular del mundo. Entiende la existencia de una manera determinada, y de este entendimiento resultan ciertos actos cuya significación se nos antoja indescifrable si la separamos de las ideas que les dan sentido. El problema, desde el punto de vista occidental, radica en el etnocentrismo tan propio de las disciplinas científicas que se han dedicado a estudiar este fenómeno y de la natural prepotencia y arrogancia de nuestro pensamiento, que suele hacer de sus preceptos los únicos válidos para toda la humanidad. De esta manera, la definición que Occidente hace de la religión engloba nada más que su propio entendimiento de ésta, mientras que estima las demás representaciones o creencias como estadios anteriores o simplemente inferiores.

Pero hallamos en el chamanismo, en definitiva, las mismas estructuras que en las religiones tradicionales, si bien su manifestación es ligeramente distinta. En el chamanismo, la representación del mundo proviene de las distintas cosmogonías y mitos sobre la creación del mundo que se transmiten oralmente de generación en generación. Dichos mitos muestran unas estructuras internas que no se diferencian en absoluto de aquellas que antecedieron, nutrieron y dieron forma a las grandes religiones. Estos mitos, que narran el origen del mundo, de sus diversas transformaciones, que establecen la existencia del otro mundo y precisan el panteón de espíritus, dioses y demonios que lo pueblan, no están, sin embargo, recogidos en unas escrituras ni gozan del dogmatismo propio de las grandes religiones. Su función, sin embargo, es exactamente la misma, y de la creencia en ellos se derivan los ritos propiciatorios que en el chamanismo se expresan, básicamente, con los viajes del chamán al otro mundo.

De estos viajes, o mejor dicho, de la posibilidad de realizar estos viajes, se derivan, a su vez, otros actos cuyo valor es esencialmente ritual. Las curas terapéuticas, las profecías o adivinaciones, la labor del chamán de conducir las almas de los muertos a su justo lugar, los ritos que buscan el favor de los espíritus para la caza o los que imploran el fin de la sequía, todos están directamente relacionados con los mitos. Son estos mitos, diferentes en cada caso y susceptibles de ser reinterpretados, los que confieren un valor real a la labor del chamán. Porque su poder deviene directamente de los espíritus que le han elegido para realizar su labor, y, por lo tanto, de la representación concreta que cada pueblo tiene de la realidad.

El poder del chamán está directamente relacionado con la fe y confianza que en él depositan los miembros de su comunidad. Por eso, a pesar de que cada chamán va creando su propia representación del mundo de los espíritus a medida que va profundizando en su labor, esta representación no es en esencia diferente de la que comparte su comunidad. En el caso de que así fuese, resultaría inútil para la comunidad, que no podría identificarse con las narraciones y explicaciones que el chamán utiliza para precisar el funcionamiento de la realidad. Esto se manifiesta de manera diferente en cada comunidad, pero el rasgo es común a todas las sociedades chamánicas. De ello deducimos que en el chamanismo los actos y rituales están íntimamente ligados a una visión concreta del mundo, y que es esta visión la que confiere un valor a los actos. No entendemos, pues, la realización de una cura terapéutica o de una imploración para que se lleve a buen término una cacería sin una significación religiosa. La efectividad de estos actos depende del otro mundo, de la existencia de seres sobrenaturales que son en todo superiores a los humanos y en cuyas manos se halla nuestro destino. Como en el judaísmo, el cristianismo, el Islam...

La ausencia de un código ético y moral en el chamanismo, que defina las funciones precisas del hombre y su comportamiento, ha contribuido también a menospreciar su categoría religiosa. Pero aquí entra de nuevo en juego el etnocentrismo que ha viciado la investigación y correcta interpretación de este complejo fenómeno que es el chamanismo. Porque afirmar rotundamente que no existe un código de comportamiento en las sociedades chamánicas es correr un gran riesgo. Es cierto que no encontramos una representación palpable de este código, pero ello no significa que no exista. De nuevo la falta de escrituras que puedan ser percibidas como una verdad absoluta, al estilo de los mandamientos y preceptos que abundan en las grandes religiones, se ha interpretado como la ausencia del mismo. Sin embargo, en las sociedades primitivas donde se da el chamanismo rige una visión del mundo que relaciona al hombre directamente con la naturaleza y establece perfectamente los límites que puede o no puede franquear.

Este saber se transmite también de manera oral, sin que exista un soporte físico que lo mantenga inmutable a lo largo de los siglos, lo que acentúa su carácter voluble y extraordinariamente adaptable a nuevas circunstancias. Se transmite en forma de mitos y leyendas que aleccionan sobre el papel concreto que tiene el hombre con respecto a la naturaleza, y en este punto muestra mucha más riqueza y profundidad que las religiones tradicionales, tendentes todas ellas a considerar al hombre como el centro de la creación. Las diferentes tradiciones orales que encontramos en las sociedades chamánicas muestran al ser humano como parte de la creación, y no como su dueño y señor. De esta manera regulan el uso de los recursos naturales y el derecho del hombre a utilizarlos; propician también la unión de ambos elementos y establecen un respeto inviolable para no provocar la ira de los espíritus. Nos encontramos, pues, ante códigos de conducta que establecen el correcto comportamiento del hombre ante la existencia y que en algunos aspectos superan ampliamente a los de las religiones tradicionales, que suelen centrarse más en el problema particular de la humanidad y olvidan que ésta es parte de un todo más grande y absoluto.

La existencia de estos códigos, que se expresan en forma de mitos y leyendas, hace innecesaria la labor moralizante del chamán. No encontraremos en el chamanismo tradicional a un chamán sermoneador, moralizante o que se permita dibujar un modelo de hombre al que es necesario aspirar. No es ésta su labor. Sin embargo, nuevamente nos encontramos con la imposibilidad de separar la existencia de estos códigos de las cosmogonías y mitologías propias de cada cultura. Es de una visión concreta de la realidad, con sus mitos sobre el origen del mundo y de las desgracias que lo atenazan, de donde parte la necesidad de ser de una determinada manera o de respetar unas determinadas leyes que se encuentran en un estrato superior al de la voluntad humana. Es éste un rasgo común a la mayoría de chamanismo, que viven en un medio natural y cuya realidad más visible y palpable es la de la naturaleza que le rodea; de ahí que estas narraciones, cuentos y leyendas que codifican la conducta de la sociedad incidan en este tema más que en ningún otro. Pero ello no debe llevarnos a pensar que son inferiores a los que expresan las grandes religiones. Cierto que su formato y contenido es diferente, pero el valor que tiene dentro de la estructura de la religión es exactamente igual.

Por tanto, existen motivos suficientes para hablar de una religión chamánica. Religión que se articula de muchas y muy diversas formas, puesto que se halla extendida a lo largo y ancho de la Tierra y ha experimentado muchas influencias a lo largo de su existencia. Podríamos hablar de una religión de fondo, puesto que es la esencia lo que comparten los pueblos de Oceanía con los de Siberia o América Latina, mientras que la forma, el ritual, es diferente en cada caso.

2.3. Antecedentes religiosos del chamanismo. La religiosidad en la Edad de Piedra

Muchos de los especialistas que han estudiado el chamanismo desde el punto de vista evolucionista coinciden en situar sus orígenes en el mismo hombre de las cavernas, cuya forma de religiosidad presenta características semejantes. La teoría evolucionista entiende el chamanismo como el estado previo a formas más complicadas de religión y creencias, si bien no condiciona enteramente los sistemas religiosos imperantes en el paleolítico. Entendemos el chamanismo como uno de los factores que determinan y configuran la religión del hombre de las cavernas, si bien ambas no son la misma cosa. Desde las formas religiosas predominantes en la Edad de Piedra al chamanismo actual ha llovido mucho: ni el hombre es el mismo, ni el medio que le rodea tampoco. Tampoco las necesidades ni las causas que llevan al hombre a profundizar en el sentido más trascendente de la existencia o de los hechos que se suceden a lo largo de su vida. Aun así, las similitudes son innegables y merecen una detenida reflexión.

Los procesos religiosos tienen lugar en la mente del hombre desde que éste empieza su particular evolución hasta convertirse en *homo sapiens,* condición estrechamente ligada a la de *homo religiosus.* A este periodo de hominización, en el que influyen diversos factores, se le estima una duración aproximada de unos siete millones de años, más otros tres o cuatro necesarios para que se diera una definitiva toma de conciencia humana. Nos estamos refiriendo, pues, a procesos mentales de una complejidad y lentitud que escapan por completo a nuestras actuales concepciones de asimilación y aprehensión de conceptos y condiciones. Dichos procesos mentales son asimilados gracias a la evolución formal de la especie, pero también a una necesaria toma de conciencia claramente diferenciada de sus antecesores en la cadena evolutiva: el hombre prehistórico se comporta ya como un ser dotado de inteligencia, imaginación y capacidad de organización y observación del medio; estas capacidades se diferencian de las que presentamos sus homólogos contemporáneos en varios puntos, aunque quizá el más destacado sea la intensidad de la actividad subconsciente, que en la prehistoria se muestra mucho más activa y sensible que en la actualidad. Estas respuestas emocionales son la base del proceso evolutivo por el cual el primate toma conciencia de su condición humana, y son necesarias para explicar una serie de condiciones que, de otra manera, no podrían haber sido asimiladas de ningún modo. Porque el hombre es producto de una serie de decisiones que marcan su destino, entre las cuales la más decisiva es la de tener que matar para poder sobrevivir. La especie humana consigue superar a sus antecesores adoptando prácticas carnívoras, puesto que la recolección de frutos y raíces resulta insuficiente para asegurar la supervivencia de la especie. Este hecho, que determinará la primera etapa del hombre como cazador y que reforzará la diferencia entre sexos basándose en las capacidades físicas de cada uno de ellos, será la piedra angular del proceso de hominización, puesto que dicha separación de funciones es inexistente en el resto de animales. La intensidad y dramatismo del acto de cazar y la representación de este hecho en el subconsciente humano, a través de sueños, visiones, mitos, etc., será el pilar principal de la religiosidad del hombre prehistórico, que crea a su alrededor un auténtico sistema religioso que se desarrolla paralelamente al ya citado proceso de hominización y que consigue sintetizar otra serie de aspectos inherentes a la condición humana y que también serán revestidos de su consiguiente valor.

Si aceptamos que el proceso de hominización está íntimamente ligado a la "verticalidad" que adopta el *homo sapiens* con respecto a su antecesor y al consiguiente esfuerzo intelectual que tuvo que hacer para adaptarse a su nueva condición, encontramos la primera muestra de la tendencia hacia "lo sagrado" que presenta la especie humana. El hombre evoluciona hasta una posición única en el mundo animal, la vertical. El hombre, erguido, observa como la realidad se extiende a su alrededor en cuatro direcciones: hacia delante y hacia atrás, hacia arriba y hacia abajo. Esta concepción del espacio orientado en torno a un centro se manifiesta también en la concepción de las viviendas, territorios y agrupaciones primitivas, orientadas también en torno a un centro y organizadas de manera radial. La significación religiosa de esta ordenación de la realidad es innegable y pervive todavía en numerosas civilizaciones, no sólo primitivas: la mayoría de ciudades europeas, por ejemplo, se ordenan en torno a un centro de poder religioso —templos, catedrales— o político, siguiendo esa misma disposición espacial. La ordenación del espacio, y sobre todo de la vivienda, que se entiende en un principio como un *axis mundi,* un eje o representación del mundo, se ordena también de una manera radial y en torno a un centro. El hogar adquiere una significación espiritual al ser concebido como una imagen del mundo, una representación a pequeña escala del orden —radial— por el que se rige el universo y la misma existencia. Otro de los rasgos a tener en cuenta a la hora de valorar la posible religiosidad del hombre de las cavernas es el de la distribución del espacio en función del sexo y alrededor de un centro común, presumiblemente el lugar de reunión y donde se producía el fuego común: las cavernas son entendidas como auténticos santuarios, impregnados de sacralidad y religiosidad y por tanto debidamente ordenados en función —o representación— de un orden superior.

El descubrimiento y estudio de las pinturas rupestres aporta pruebas concluyentes en torno a la intensa actividad espiritual del hombre primitivo. No vamos aquí a estudiar con el detenimiento que se merece el arte parietal: ello nos ocuparía, como mínimo, un volumen de similar amplitud al presente. Nos limitaremos a intentar descifrar el significado religioso de las mismas. Es altamente significativa la unidad de contenido artístico que presentan dichas pinturas, a pesar de lo dispersas que se encuentran tanto en el espacio (el grueso de pinturas rupestres se encuentra en España, Francia y sur de Italia, pero también se han hallado diversas muestras de arte mobiliar en el Atlántico, en Europa central y occidental y en la parte europea de Rusia) como en el tiempo (el arte rupestre se extiende desde el 30000 hasta el 9000 a.C.). Las investigaciones de Leroi-Gourhan arrojan datos altamente significativos sobre el contenido religioso del arte rupestre, y sobre la difusión, por contacto geográfico, de un sistema ideológico que él denomina "religión de las cavernas". Religión ésta que se halla íntimamente ligada a lo que hoy en día llamamos *chamanismo*.

El emplazamiento de dichas pinturas rupestres, a menudo localizado en cavernas de pésimas condiciones para la vida, acentúa el carácter sacramental del arte parietal. Las pinturas se hallan en cavernas de muy difícil acceso, alejadas de la entrada y en algunos casos al final de un intrincado laberinto de grutas y pasadizos. Todo confiere a las cavernas la categoría de auténticos santuarios. El contenido de las pinturas es también altamente significativo. En la caverna de Montespan se hallan perfectamente representados osos, leones y otros animales atravesados por numerosas flechas, al igual que figuritas, también representativas de dichos animales y modeladas en arcilla, que muestran agujeros redondos y profundos. En la caverna de Trois-Fréres se escenifica un danzante disfrazado de bisonte; otra escena, mundialmente conocida por la descripción que de ella efectuó el abate Breuil, muestra una gran figura humana con cabeza de ciervo (provista de la consiguiente cornamenta), cara de búho, orejas de lobo, barba de rebeco, zarpas de oso y cola de caballo. También en la caverna de Lascaux aparece un bisonte herido que dirige sus cuernos hacia un hombre muerto (o en estado de trance). En una placa de pizarra procedente de Lourdes se encuentra perfectamente representada una figura humana envuelta en una piel de ciervo, de nuevo con la consiguiente cornamenta en la cabeza y con una gran cola de caballo. Estudiaremos la significación chamánica de estas manifestaciones artísticas más adelante. Por el momento, basta con dejar patente la religiosidad de la que se hallan impregnadas todas estas pinturas. Ello nos lleva, de nuevo, a ratificarnos en la creencia de que el hombre, ya en los primeros tiempos de existencia, muestra una tendencia hacia el hecho religioso, o sagrado, y una actividad intensa en esta dirección. En las sociedades cazadoras la invocación de los espíritus protectores era una práctica recurrente. Las investigaciones que se han realizado en torno a este hecho arrojan diversas hipótesis e interpretaciones, pero todas ellas concurren en otorgar un valor sacramental a las pinturas rupestres. Se trata de escenificaciones de la realidad, como anteriormente hemos visto que ocurría con la disposición radial del espacio. El hombre del paleolítico vivía fundamentalmente de la caza, y es por ello que la temática principal de dichas manifestaciones artísticas sea la caza; si examinamos las creencias y comportamientos religiosos de los pueblos primitivos contemporáneos encontramos una extensa mitología alrededor de la figura del cazador y de la estrecha relación que éste mantiene con el animal que ha de cazar. Se establece una especie de "solidaridad mística" entre cazador y presa: la sangre derramada del animal es en todo igual a la del cazador; el acto de matar al animal equivale, en cierta manera, a un sacrificio ritual en el que los papeles de depredador y presa se pueden intercambiar. La solidaridad mística entre cazador y presa, así como su equivalencia con los sacrificios rituales, es común en el antiguo mundo mediterráneo y pervive, convenientemente adaptada, modificada y revalorizada hasta mucho después de la desaparición de las civilizaciones paleolíticas; las víctimas humanas son substituidas por animales, y, en ocasiones, el proceso sucede a la inversa, y son los hombres los sacrificados en lugar de los animales. Las danzas circulares que se encuentran en diversas pinturas rupestres demuestran la existencia de unos ritos relacionados con la caza, ya sea para asegurar la buena fortuna en la cacería, la multiplicación de las piezas abatidas o la paz del alma de los animales caídos. La invocación de espíritus protectores es también fácilmente visible en este tipo de ceremonias. Los espíritus invocados son de varios tipos, el principal de los cuales correspondiente a un ser supremo, Señor de los Animales, que protege igualmente a la presa y al cazador y vela para que la sangre derramada sea sólo la necesaria. No debemos olvidar que el proceso de hominización pasa inexorablemente por la nueva condición de animal carnívoro que asume el hombre para poder sobrevivir —lo que le diferencia del primate—, y que dicha condición es especialmente traumática por la brutalidad relacionada al hecho de matar. No son pocos los investigadores que relacionan este hecho con la angustia vital relacionada a la especie humana: el hombre necesita matar para poder sobrevivir, pero no puede, ni debe, abusar de esta capacidad; más bien al contrario, es fundamental guardar un equilibrio que preserve su integridad moral y su condición de animal integrado en la cadena alimenticia.

Al primitivo *homo sapiens* el pensamiento lógico que hoy impera entre nosotros no le resolvía gran cosa ni le ayudaba a entender el mundo en el que debía vivir, o sobrevivir; la explicación que presumiblemente daba de la existencia se basaba más en asociaciones mágicas y emocionales, no desprovistas, eso sí, de una capacidad de observación de los fenómenos naturales y la extracción de conclusiones basadas en esta observación. Es dicha visión del mundo la que se plasma en las paredes de las grutas y cuevas europeas durante el paleolítico, y que conforman la prueba más visible y palpable de la "religión de las cavernas" a la que venimos refiriéndonos durante el presente capítulo. En el planteamiento y ejecución de dichas pinturas convergen, además de la temática, de la representación gráfica de una serie de ideas y de un cierro sentido esteticista, otros muchos estímulos entre los cuales el más importante para nosotros es el del autor de dichas pinturas, que actúa como intermediario entre el mundo real y las ideas que deben ser escenificadas o plasmadas con un indudable fin sacramental. Este intermediario es el chamán; entenderemos *chamán* como término que designa a la figura que se encarga de poner en contacto este mundo, real y accesible a todos nosotros, con el "otro mundo", poblado de espíritus y al cual sólo unos pocos tienen acceso. El chamán será, pues, el encargado de crear toda esa serie de figuras surgidas del imaginario, tanto colectivo como individual, y lo hará además con indudable pericia y habilidad, en unas condiciones que no se han vuelto a repetir en la historia del arte: a varios metros bajo tierra, al final de laberínticas cuevas y grutas, a oscuras y en habitáculos en los que, en ocasiones, a duras penas puede una persona incorporarse. Y sin embargo, es difícil encontrar en el arte rupestre correcciones o imperfecciones: el trazo es firme, seguro, producto de una visión concreta, una experiencia previa y, probablemente, una formación adecuada a este fin. Ello nos conduce nuevamente al valor sacramental y, en este caso, ritual, de dichas pinturas. Clottes y Lewis-Williams proponen la experiencia chamánica como responsable en parte del resultado de dichas pinturas: más que la representación gráfica de una serie de ideas, es el hecho de representarlas lo que tiene un valor ritual. Si bien es poco probable que las pinturas fueran realizadas en estados extáticos —aunque la espeleología moderna ha demostrado fehacientemente que las condiciones de humedad, falta de luz y aire que se dan en ciertas grutas son capaces de producir alteraciones en los estados de conciencia humanos—, se entiende que las representaciones gráficas son producto y reflejo de dichos estados. El aprovechamiento del medio que se da en el Magdaleniense tardío —las cuevas de Altamira son un claro ejemplo de ello—, haciendo coincidir los relieves de las paredes con cuerpos, sombras y volúmenes de bisontes para transmitir una mayor emoción, se interpreta actualmente como un intento, por parte del "artista" o "chamán", de producir una simbiosis entre el mundo real —representado por la caverna y los elementos reales que ésta proporciona— y el mundo de los espíritus —que se representa a través de las visiones.

2.4. La religión de las cavernas.
Funciones del chamán

Hemos estudiado ya los sistemas religiosos paleolíticos, y hemos deducido la existencia de una religiosidad más allá de toda duda. Si aceptamos, por tanto, la existencia de una serie de creencias y de un conjunto de ritos relacionados con ellas, debemos también aceptar la de una figura, chamán, brujo, hechicero o como queramos llamarle, que sea capaz de asumir la responsabilidad de interpretar y dar sentido a esa serie de creencias, además de conducir los ritos necesarios y actuar como intermediario entre ambas realidades, la "ordinaria" —o real, al alcance de todos— y la "extraordinaria" —irreal, sobrenatural, poblada de espíritus y sólo perceptible a unos pocos. La importancia de esta figura trasciende, y en mucho, a la de sus equivalentes contemporáneos, que pueden citarse como sacerdotes, videntes, médium, curanderos, etc. El chamán aglutina todas estas funciones, si bien su mayor importancia radica en la necesidad que de él tenía la comunidad para explicar e interpretar una serie de hechos para los que se carecía —y en algunos casos se sigue careciendo— de una explicación racional y tranquilizadora.

La existencia de unos rituales específicos relacionados con la caza y reservados únicamente a los hombres supone la necesidad de un "conductor" de dichos ritos, con lo que la figura del chamán queda, por lógica deductiva, ya constituida desde la Edad de Piedra. Remitiéndonos nuevamente a las pinturas rupestres y a su significación ritual, encontramos en ellas la escenificación de un hecho cotidiano en la vida del *homo sapiens,* pero también la expresión de una idea o deseo preciso: pueden invocar la buena fortuna para cacerías venideras, o bien rememorar el éxito de pasadas empresas que se desarrollaron de acuerdo con un equilibrio natural. Ya hemos abordado este tema anteriormente y no lo vamos a repetir. Valga simplemente para acentuar el carácter ritual de dichas pinturas. También se ha señalado, en este sentido, la posibilidad de que la misma realización de estas pinturas constituyera un rito en sí. Es a esta posibilidad, y al papel que juega el "artista" o chamán, a la que nos referimos.

La ubicación de las pinturas rupestres, normalmente en grutas de muy difícil acceso, de condiciones pésimas de luz, aire y humedad y de un tamaño a menudo muy reducido, nos llevan a pensar que la realización de dichas obras de arte estaba reservada a unos pocos especialistas no sólo en el manejo de la técnica pictórica, sino también en la inmersión en lugares a los que no todos los individuos se atreverían a penetrar. En la mitología chamánica de los pueblos primitivos contemporáneos, el mundo subterráneo se considera a menudo como alegoría del mundo de los espíritus. Las cuevas y grutas son consideradas pórticos de esa otra realidad dominada por los espíritus, que pueden actuar en ambos sentidos: la búsqueda de visiones y alucinaciones implica, necesariamente, la soledad y el aislamiento como mínimo. El hecho de que dichas pinturas se representen en estos lugares solitarios, lejos de las cuevas utilizadas como viviendas, con difíciles accesos y reservadas sólo a unos pocos iniciados, acentúa el carácter sacramental no solamente de las pinturas, sino de su propia realización. Por otra parte, ejemplos de arte parietal de otra índole, en los que las composiciones pictóricas aparecen en grutas de grandes dimensiones (Lascaux, Niaus, Chauvet) y, en ocasiones, superpuestas en diversos complejos (nuevamente en Lascaux, Trois-Fréres) implican una participación colectiva que no hace sino acrecentar el significado ritual de dichas pinturas y de su realización, para la que probablemente se precisara de la participación de varias manos.

Remitiéndonos a los ejemplos más célebres del arte rupestre, encontramos ejemplos claramente significativos tanto de la significación ritual de las pinturas como de su propio contenido. Los ritos relacionados con las expediciones y cacerías, reservados al sexo masculino, alcanzan un carácter mistérico y accesible sólo a aquellos que participan en dichas actividades: sin arriesgarnos a trasladar las observaciones sobre los pueblos primitivos contemporáneos a las sociedades de cazadores paleolíticos, si podemos afirmar la lógica existencia de "secretos de oficio", reservados a aquellos adultos que desarrollan el oficio concreto y transmitidos a los más jóvenes a modo de rituales de iniciación. La danza circular que aparece en la caverna de Montespan, a pesar de la consiguiente controversia que ha generado su in-

terpretación, parece ser un ejemplo ilustrativo de dichas
ceremonias iniciáticas. Las coreografías rituales se suceden en innumerables rincones del globo terráqueo y
están íntimamente ligadas a la caza: en algunas ocasiones busca la tranquilidad del alma del animal abatido,
en otras la multiplicación de las piezas, en otras la gra-
titud al Señor de los Animales por la buena fortuna acon-
tecida. Desconocemos el papel concreto del chamán
en estas ceremonias, máxime si se tiene en cuenta que
muy escasamente los chamanes solían participar en las
expediciones o ejercer roles de cazador, pero sí estamos seguros de que la plasmación ritual de dichas ceremonias se debe a él.

La responsabilidad que tiene el chamán, como conductor de dicha realización, trasciende y en mucho a la
del artista contemporáneo. El chamán es portador de
un ideario concreto de una época, necesidades y creencias que se desarrollan a lo largo de millones y millones
de años, mediante procesos mentales en los que no interviene el pensamiento racional o lógico. La creencia
en un mundo sobrenatural que influye en la vida de los
hombres es el motor primordial y el eje alrededor del
cual gira la existencia, y el chamán es, en la sociedad
en la que vive, el único al que se le permite el acceso a
esa realidad mágica. Es, por tanto, el encargado de velar por la integridad de su comunidad ante las potencias mágicas que la rodean y que a menudo pretenden
interferir en el discurrir de su existencia. La realización
de dichas pinturas, así como diversas ofrendas, sacrifi-

cios y plegarias de igual significado ritual corren a cargo del chamán, único ser que conoce el correcto funcionamiento de los mecanismos de la magia. El resto de la comunidad, necesariamente, debe depositar su confianza en el chamán cuando se trata de aspectos que guardan relación con el mundo de los espíritus, al igual que confía a los más fuertes y vigorosos las tareas relacionadas con la caza y a las mujeres las labores relacionadas con la ordenación del espacio y la distribución de los escasos frutos recolectados. El chamán, por tanto, tiene una responsabilidad con su comunidad, y es de esa responsabilidad y de la confianza que su comunidad deposita en él de donde proviene su poder.

También del estudio de las pinturas rupestres, en concreto de aquellas, escasas, en las que aparece una figura humana, frecuentemente un chamán en estado extático, se deduce la existencia de la creencia en un "alma" que, por una parte habita en el cuerpo humano y, por otra, es capaz de abandonarlo para viajar libremente por el mundo. De este hecho extraemos, como mínimo, dos conclusiones: el éxtasis chamánico implica la posibilidad de liberar el alma del cuerpo y le permite viajar por el mundo de los espíritus, donde se encuentra con diversas entidades y seres sobrenaturales a los que puede pedirles ayuda o bendiciones; el éxtasis es, además, la forma de contactar con ese otro mundo, la herramienta de la que se sirven los chamanes para acceder a esa información privilegiada por la que logran entender el funcionamiento oculto de la realidad. El chamán se servirá, pues, de esta herramienta para ejecutar los diversos rituales que precisa su sociedad a la hora de invocar protección, buena fortuna en futuras empresas o, simplemente, una explicación a fenómenos físicos que le conmueven profundamente y para los cuales no encuentra otra solución que la acción de ese otro mundo sobrenatural que se entromete en el mundo *real*. El éxtasis chamánico implica, además, la posibilidad de "poseer" otros cuerpos humanos, así como de que el propio cuerpo del chamán sea poseído por el alma de un muerto o de un animal, así como por un espíritu o una divinidad superior.

La existencia del "alma" supone, pues, una de las antiguas creencias que aún hoy permanece hondamente arraigada en la religiosidad humana. Ello corresponde con la consideración del animismo como la primera manifestación religiosa de la conciencia humana. En esta concepción animista de la realidad no sólo las personas son poseedoras de un alma; por el contrario, todos los objetos están animados y poseen las mismas cualidades, sentimientos y voluntad que habitualmente conferimos al hombre. Plantas, árboles, piedras, objetos, poseen también un alma, un espíritu que habita en ellos y que, de igual forma que en los humanos, es susceptible de enfadarse, irritarse o reclamar la debida atención. Estos espíritus, que emanan de los objetos en que habitan y se representan a menudo en forma de viento, sombras o vapores, son a menudo causa de las vicisitudes que alcanzan la vida de los hombres. Y es en este aspecto, fundamental y relacionado a todas las formas de religión que han surgido posteriormente, donde la figura del chamán adquiere su relevancia. El chamán, dotado de su particular visión y sabiduría, es capaz de interactuar con esa realidad, poblada de espíritus o almas de toda clase, interpretarla e incluso modificarla en su provecho o en el de su comunidad. Mediante ritos y sacrificios propiciatorios y expiatorios, el chamán es capaz de calmar el impetuoso enfado de dichos espíritus, de ajustar su conducta a sus propios deseos y necesidades o, incluso, cultivar una relación beneficiosa, una alianza, para ambos. Los rituales destinados a obtener buenos —y también justos y equilibrados— resultados en las cacerías, así como los destinados a modificar las condiciones climáticas —en busca de lluvia, o para que moderen las tempestades, etc.—, son ejemplos claramente ilustrativos de este *modus operandi*. Estos rituales pasaban, en la mayoría de las ocasiones, por el ya nombrado estado de éxtasis, lo que más tarde la antropología moderna denominará *estados alterados de conciencia,* y que permiten al chamán "volar" hacia esa otra realidad en la que operan almas y espíritus.

La original concepción animista de la realidad entiende el alma como una entidad no material que habita en el cuerpo, ya sea humano, animal o vegetal. De ahí que se sobreentienda la posibilidad de que un cuerpo físico sea poseído por el alma de otro ser o espíritu, lo que en ocasiones es causa de enfermedades, desgracias o calamidades. De igual manera, el alma puede abandonar el cuerpo, puede extraviarse o incluso ser raptada por espíritus de corte maléfico. Esta concepción, que pervive en el chamanismo contemporáneo, es la que articula la acción y función terapéutica del chamán, si bien no está suficientemente probada su existencia y práctica en las sociedades paleolíticas. Lo que sí podemos afirmar es que, en un principio, y ante la inclemencia de fuerzas de la naturaleza que el hombre no es capaz de explicar ni discernir correctamente, el animismo constituye una primera explicación, esencialmente emocional —y no racional— del funcionamiento del mundo. La todavía insuficiente experiencia acumulada, la imposibilidad de establecer un sistema de observación de los fenómenos naturales y los bajos niveles de producción para asegurar la subsistencia de la especie, forzaron al *homo sapiens* a imaginar que la existencia estaba regida por espíritus en todo iguales al suyo, con las mismas características y limitaciones. Es, ciertamente, un modo se supervivencia "moral" y espiritual que contribuía a calmar la intensa angustia vital que sufriría, con toda probabilidad, el hombre ante la inmensidad de los poderes de la naturaleza y de la misma existencia.

A nosotros nos interesa el particular papel que ejerce el chamán, hechicero de la tribu, en esta interpretación de la realidad. De nuevo es el estudio de las tribus primitivas contemporáneas el que arroja una mayor cantidad de hechos a tener en cuenta y ser estudiados, y de nuevo debemos correr el riesgo de otorgar a las sociedades de cazadores paleolíticos una serie de creencias y *modus operandi* que no podemos probar, debido al limitado alcance interpretativo de los hallazgos encontrados hasta el momento. Es innegable que allí donde tuviera lugar un ritual debía tener un alto protagonismo el hechicero o chamán, como conductor de dicho ritual y conocedor de los misterios que subyacen en esa otra realidad. Sin embargo, no está lo suficientemente claro en cuántas de estas ceremonias se precisaba el éxtasis chamánico —que podría darse durante la misma ceremonia o haberse dado antes, siendo la ceremonia una representación de las visiones extáticas— o hasta qué punto el hechicero tenía un poder real de decisión sobre los actos futuros de la tribu, los cuales no debían estar necesariamente circunscritos a la acción o voluntad de los espíritus y ánimas. De cualquier manera, las ceremonias rituales, la iniciación de los jóvenes en los secretos relacionados con la caza o con la misma condición y vocación chamánica y ciertos ritos relacionados con el matrimonio, el nacimiento, la muerte u otras manifestaciones e interrelaciones entre los individuos de una tribu debían estar dirigidos por un especialista de lo sagrado, que otorgara la bendición de los espíritus y que fuera capaz de decodificar la buena o mala fortuna que estos actos portaban en sí mismos. De igual forma, la interpretación de los fenómenos naturales y del devenir de la existencia también debía hallarse especialmente limitada a estos pocos especialistas que por su particular condición presentaban una mayor capacidad para evitar la angustia y desesperación que produce lo desconocido e inexplicable y podían facilitar una explicación tranquilizadora al resto de componentes de la tribu.

Si consideramos que lo nuclear al chamanismo es la capacidad de alterar los estados ordinarios de conciencia para así poder acceder a otra realidad —o a otra percepción de la realidad—, entonces no podemos referirnos a la religión de las cavernas como una religión estrictamente chamánica, porque carecemos de pruebas que aseguren que toda la actividad religiosa de los paleontrópidos pasara necesariamente por dichos procesos extáticos. Si debemos buscar en el conductor de estos procesos religiosos, simbólicos o rituales, al antecesor del chamán en la medida en la que definimos sus roles y la necesidad que la sociedad tiene de él. El especialista en lo sagrado, el brujo, hechicero o chamán, cumplía entonces —y cumple ahora— unas funciones determinadas que en la mayoría de ocasiones se hallan perfectamente delimitadas y definidas. La organización social de los pueblos primitivos, como resultado del proceso de hominización y de las capacidades físicas de cada sexo e individuo, presenta un alto grado de especialización. Los cazadores, que presentan una extraordinaria fuerza física y unas capacidades mentales de templanza y valentía muy peculiares, cumplen con una función concreta que determina su lugar en la sociedad, su utilidad para la sociedad y a la vez sus propios traumas derivados de la brutalidad de su oficio. El especialista en lo sagrado, de igual manera, ocupa también un lugar y unas funciones concretas para las cuales es necesario, pero raramente las trasciende para ocupar cuotas de poder que no le corresponden: aunque en ocasiones se le requiera para tomar decisiones de carácter político, no ocupa un liderazgo político ni entra en consideraciones materiales o referidas al comportamiento de los individuos. Su esfera de acción se limita al mundo inmaterial, a la otra realidad a la cual viaja mediante trances extáticos y de la que obtiene una información privilegiada que le permite interpretar una serie de signos de una manera específica y propia. No aspira a la creación de un sistema que controle o modifique la actitud o la moral de los individuos de su tribu, no pertenece a una casta o a un gremio a la manera de los sacerdotes de las grandes religiones ni se implica en consideraciones morales.

La religión de las cavernas, al igual que el chamanismo contemporáneo, es de un color claramente individualista y sin más pretensión que la de resolver una serie de circunstancias concretas sin por ello establecer códigos que se impongan en el imaginario colectivo. Por ello, desde la perspectiva de la antropología occidental, ha existido siempre una cierta animadversión ante la aceptación de términos tales como "religión de las cavernas" o "religión chamánica"; entendiendo "religión" según los conceptos clásicos; las creencias prehistóricas y chamánicas carecen de una estructura sólida, de unos métodos preestablecidos y que sirven como códigos de moral y comportamiento y, sobre todo, carecen de una ambición en cuanto a su imposición y a su aceptación como única e inapelable interpretación de la existencia. No entraremos aquí en debates ni controversias sobre las connotaciones políticas que han caracterizado, en muchas ocasiones, a las grandes religiones y de las cuales estas religiones prehistóricas y chamánicas parecen desprovistas. Como ya hemos indicado, la actividad religiosa en este tipo de sociedades se halla circunscrita a una serie de individuos y a una serie de circunstancias, sin que esto trascienda más allá del imaginario religioso que precisan los individuos que componen dicha sociedad.

Esto ha motivado que Occidente no les haya concedido el crédito necesario hasta hace relativamente poco tiempo, y haya tildado estos sistemas bajo epítetos a menudo sumamente peyorativos y despectivos, tales como superstición, charlatanería, ignorancia e incluso "mera creencia", como si las grandes religiones no se sustentaran también en la creencia y hubiesen alcanzado un nivel de ciencia o de hecho real, factible e indiscutible por la simple razón de disponer de unas estructuras y una tradición escrita que se ha ido articulando a través de los siglos. La presunta "seriedad" de las religiones que cuentan con un soporte de escritura, tradición y relación con las estructuras políticas ha jugado un papel represivo en relación a otro tipo de manifestaciones religiosas, a las cuales ha arrinconado a estadios inmerecidos o las ha asimilado como meras transiciones, primarias y subdesarrolladas, del estado óptimo de la religiosidad humana, esto es, de ellas mismas.

2.5. Desplazamiento de la religión de las cavernas por nuevas formas de vida y religiosidad

El final de la época glaciar, que ocurrió en torno al 8000 a.C., trajo consigo la alteración no sólo del clima y del paisaje terrestre, sino de la actividad humana y, consecuentemente, de su religiosidad. El retroceso de los glaciares motivó un cambio en la flora y fauna de Europa, al norte de los Alpes, y el desplazamiento de los hombres hacia regiones más septentrionales, siguiendo a sus presas. La progresiva desaparición de ciertas especies y la disminución de otras motivó que sus cazadores se vieran obligados a situar sus asentamientos en las orillas de lagos y ríos, donde por lo menos podían vivir de la pesca. Este periodo, conocido como mesolítico, presenta diversos niveles de evolución dependiendo de las zonas donde se da: si en Europa occidental es claramente inferior en cuanto a descubrimientos y creaciones artísticas que el paleolítico, en el sureste asiático y, muy especialmente, en Palestina se presenta como una de las épocas de mayor importancia, debido a las innovaciones técnicas que trajeron consigo las primeras domesticaciones de animales y el inicio de la agricultura.

La religiosidad del hombre mesolítico tuvo, forzosamente, que adaptarse a esta nueva situación para ofrecer respuestas a los problemas y realidades a las que debía enfrentarse el hombre. Como ocurre en el caso de la Edad de Piedra, la opacidad de los documentos históricos hace muy difícil establecer los procesos evolutivos que llevaron a estas nuevas formas de religiosidad y que acabaron confinando a la antigua religión de las cavernas en algunas regiones concretas. Lo que hasta ese momento se presume es que la forma común de religiosidad del ser humano se disgregaría, a partir de entonces, en un sinfín de variedades que darían lugar a las distintas civilizaciones y religiones que existen o han existido en el pasado. La religiosidad del hombre del paleolítico perviviría en algunos casos, pero en otros se perdería irremediablemente para dar paso a nuevas formas de relación con lo sagrado.

Cabe suponer la existencia de periodos de transición en los que las viejas formas de religiosidad convivían con otras nuevas. Los cazadores mesolíticos, en su búsqueda de animales, conservaron ciertos ritos e ideas religiosas propias del paleolítico. Ciertos hallazgos dan fe de ello: en los depósitos de limo de un pantano de Stellmoor, cerca de Hamburgo, se encontraron los restos de doce renos enteros, sumergidos y con las cavidades torácicas y el vientre llenas de piedras, además de otros objetos que atestiguan el paso de cazadores mesolíticos por el lugar: flechas de madera, utensilios de hueso, hachas de cuerno de reno. El hallazgo se interpreta como una posible ofrenda al Señor de los Animales, que todavía seguía gozando de culto entre las tribus que se desplazaban a regiones más septentrionales y de un clima más benigno. Asimismo, en este mismo lago se han encontrado otros utensilios de fabricación más tardía, como es el caso de ciertos objetos de bronce, ya pertenecientes a la Edad de Bronce, que denotan que 5000 años después el lugar seguía siendo considerado sagrado por ciertos pueblos, lo que implica un rasgo proveniente también de la Edad de Piedra. También en la fuente de San Salvador, en el bosque de Compiègne, se han hallado desde sílex neolíticos hasta objetos contemporáneos, pasando por otros de origen galo, galorromano e incluso medieval, lo que vuelve a indicar la continuidad del rito en ciertos lugares determinados, rasgo que ya se apreciaba en las comunidades cazadoras y que ya hemos abordado con relación al arte rupestre.

Otros descubrimientos de la misma época se refieren a la actividad artística del hombre del mesolítico. En Stellmoor se halló un poste de madera de pino con un cráneo de reno en la punta. En las cercanías de Ahrensburg-Hopfenbach, en una estación que data del 10000 a.C., A. Rust —responsable de los hallazgos antes mencionados— extrajo del fondo del pantano un tronco de sauce toscamente esculpido que mostraba la cabeza y brazos de lo que se presume debía ser una divinidad sobrenatural, si bien llama la atención de objetos que puedan ser interpretados como ofrendas a su alrededor. Sin embargo, la mayor riqueza en cuanto al arte de este periodo la encontramos en el Levante español, donde se puede apreciar la evolución que sufrieron las pinturas rupestres: del dramático realismo paleolítico pasamos a unos dibujos geométricos, simplificados y acompañados de ciertos signos como líneas, círculos, soles, etc. El simbolismo fálico de dichas pinturas es la explicación más pausible, si bien nuevamente nos movemos en terrenos muy vagos e imprecisos. Lo que a nosotros nos interesa, sin embargo, es determinar la evolución de las ideas religiosas que se da en el mesolítico, para lo cual los datos de los que disponemos son del todo insuficientes. Podemos deducir una continuidad en el culto al Señor de los Animales, a ciertos lugares y divinidades sobrenaturales que ya se daban en la época precedente. El culto a los antepasados míticos, así como los mitos referentes a los orígenes del mundo, del hombre, de la muerte y la caza también se engloban en la religiosidad de este periodo, si bien guardan un matiz claramente diferenciado con respecto a la Edad de Piedra: expresan cierta melancolía hacia la era glaciar, considerada como un "paraíso" de los cazadores, paraíso ya perdido y que se evoca en forma de mitos (Eliade, 1976).

De lo que sí disponemos, y además en gran cantidad, es de objetos y herramientas que ilustran el progreso técnico y el cambio de costumbres —del nomadismo de los cazadores-recolectores al sedentarismo de los primeros agricultores y ganaderos— que se da en esta época. En Palestina se dan los primeros asentamientos definitivos en forma de pequeñas aldeas de chozas circulares; también allí encontramos indicios de las primeras actividades agrícolas —la siega de cereales con hachas de piedra— y ganaderas —la domesticación del carnero, de la cabra, del cerdo o del perro se enmarcan entre los años 8000 y 7500 a.C., si bien esta práctica no se generaliza hasta el neolítico. El arte de estas comunidades está ya lejos de las concepciones paleolíticas e incluso del geometrismo propio de las paredes de Sierra Nevada: se trata de pequeñas estatuillas de corte naturalista que muestran hombres, mujeres y animales, frecuentemente en actitudes eróticas. El arte fúnebre también tiene una especial significación, puesto que se asientan ya métodos de un indudable valor religioso, como el enterramiento del cuerpo entero en posición fetal o el del cráneo. Pertenece también a este periodo la asociación definitiva entre alma y cerebro, lo que motivaría ciertas prácticas culturales en torno a los cráneos. La fabricación de otros objetos artesanales, tales como el arco, las cuerdas e hilos, anzuelos y pequeñas embarcaciones entre otros, motivaron también una fértil mitología en torno a ellos: el contacto con la materia y la posibilidad de transformarla suponen, durante el mesolítico, uno de los procesos capitales tanto de la evolución práctica como religiosa de la especie humana, proceso que culminará con el descubrimiento de la alfarería en el neolítico y de la forja, ya en la Edad de Bronce.

A pesar de estas innovaciones, el legado de la religión de las cavernas sigue vigente en el mesolítico y se manifiesta de varias maneras en estas sociedades. La ideología del cazador pervivirá hasta nuestros días y su fin no es todavía palpable. Por una parte, los sacrificios de reses marcan una repetición de la mitología relacionada al cazador: son, en realidad, una reactualización del acto de cazar, en el que se da muerte al animal para asegurar no sólo la supervivencia de la especie humana, sino la continuidad del equilibrio natural que rige el mundo. Por otra, los cazadores, como miembros físicamente mejor dotados de la comunidad, se erigen en defensores de las nuevas aldeas, primero contra las bestias salvajes y posteriormente, contra las bandas merodeadoras y las ansias conquistadoras de otras aldeas vecinas: esto constituye el principio de otras figuras, desconocidas hasta entonces, pero que en definitiva cumplen con el mismo rol: los guerreros, los conquistadores y, más tardíamente, los aristócratas y militares que son descendientes ideológicos directos del cazador. De hecho, en las regiones donde las revoluciones que se dan durante el mesolítico y el neolítico tienen menos impacto, como son las frías estepas de Asia central, la ideología y el simbolismo del cazador primigenio siguen teniendo su vigencia hasta milenios después de la aparición de la agricultura y la ganadería. Las invasiones turcomongolas e indoeuropeas guardan esta significación y se comportan con los territorios conquistados como cazadores ante sus presas: atacan rápidamente, dan muerte y devoran el ganado y las cosechas con ansias destructivas, mientras dan rienda suelta a la bestialidad y crueldad inherentes tanto al ser humano como a las leyes naturales. Será en estas regiones, aisladas por su lejanía y por el rigor climático que las caracteriza, donde se refugien los últimos vestigios de la religión de las cavernas y, por ende, del chamanismo como forma prioritaria de religiosidad.

Numerosas de estas tribus originarias de Asia se constituyen a sí mismas como últimos baluartes de la religiosidad paleolítica, si bien algunos de estos conceptos no se escapan a nuestra civilización occidental. El mundo ideológico sigue teniendo su presencia aún en el siglo XXI: los códigos morales y casi religiosos de las formaciones militares son buen ejemplo de ello. En algunos países europeos todavía rigen formas de gobierno dinásticas que presuponen que las cualidades necesarias para la salvaguarda del pueblo se transmiten hereditariamente, como antaño ocurría con los secretos iniciáticos de la caza. Los soberanos de muchos de estos países siguen teniendo una educación militar que se esgrime como una de las mejores cualidades para el gobierno del pueblo. Entre ciertas clases aristocráticas —y un tanto anacrónicas— de Occidente sigue considerándose la caza como el deporte rey. Por no hablar del mismo concepto de nobleza, íntimamente ligado al del cazador, que posteriormente se iría transformando en guerrero, en defensor e invasor según las circunstancias, en jefe y protector de la tribu en virtud de su fuerza física, en rey gracias a sus méritos en la guerra, en noble debido a la ascendencia mítica de su linaje. Y obviando el mundo occidental, encontramos entre muchas poblaciones ejemplos todavía más gráficos de la vigencia del ideario del cazador: una relación directa entre las artes de la caza y la guerra, como es el caso de los asirios iranios y los turcomongoles; o un prestigio todavía superior al del agricultor o ganadero que mantienen los cazadores en ciertas poblaciones primitivas de África u Oceanía.

2.6. El neolítico. El descubrimiento de la agricultura. La revolución religiosa

El cada vez más numeroso asentamiento del género humano en aldeas, los sucesivos descubrimientos en cuanto a las posibilidades de la agricultura y la tecnificación e innovación en los trabajos artesanales, conforman los factores principales de lo que se ha dado en llamar *revolución neolítica,* que se produjo de una manera gradual entre los años 9000 y 7000 a.C. No fue, por supuesto, el conjunto de la humanidad el que experimentó este proceso; sin embargo, supuso un impacto brutal en todas las esferas para una gran parte y marcó en buena parte la línea de evolución que han seguido muchas de las civilizaciones que conocemos. El conocimiento del medio y el aprovechamiento de los recursos que ofrece parece una consecuencia lógica de la capacidad intelectiva del ser humano, si bien se da en todas las especies vivas en distintas medidas. La asimilación de una nueva forma de vida desvió la atención humana hacia otros fenómenos de la naturaleza, lo que motiva el consiguiente desplazamiento de las necesidades prácticas y espirituales del hombre. Tal hecho constituye el motivo principal de la desaparición de "la religión de las cavernas" como forma común de religiosidad humana. El hombre del neolítico precisará nuevas formas y respuestas para los nuevos problemas a los que se enfrenta, con lo que muchas de las obligaciones de la anterior forma de vida pasarán a ser, sencillamente, innecesarias.

La agricultura, propiamente dicha, se desarrollará en el sureste asiático y en América central, y se basa prioritariamente en el cultivo de cereales y tubérculos, raíces y rizomas. El descubrimiento modificará por completo el ideario del ser humano. Se ve obligado a precisar la medición del tiempo mucho más allá de los rudimentarios calendarios lunares de las épocas precedentes, y a realizar planes por anticipado de los cuales sacará provecho a medio o largo plazo. La importancia de los roles sexuales cambia por completo, al ser ahora las mujeres las encargadas de asegurar la subsistencia de la comunidad, con lo que se da inicio a una estratificación social con un marcado carácter matriarcal y femenino. Por primera vez en su existencia, el ser humano se ve capacitado para influir en la naturaleza, para domesticarla y sacar provecho de ella. Y todo ello crea una nueva concepción de la realidad y una nueva situación existencial del hombre en cuanto al mundo. No analizaremos aquí con detenimiento las diferentes concepciones religiosas que se generaron ante esta cuestión; nuestro objetivo es delimitar los factores que limitaron el radio de acción de la religión de las cavernas, para ubicar con una mayor precisión la naturaleza "marginal" de su más directo heredero, el chamanismo, con relación a las otras formas de religiosidad que guardan una mayor relación con la línea de evolución de nuestra cultura occidental.

La revolución que se da en los aspectos más prácticos de la vida del hombre tiene su repercusión en la espiritualidad y religiosidad, que se ve también envuelta en una auténtica revolución en todos los niveles. Las relaciones de carácter místico que anteriormente mantuviera con los animales vienen a ser substituidas por otras que dirigen su atención a las especies vegetales. Se da una solidaridad entre el hombre y la vegetación, como antes existiera con el reino animal. El hombre se ve ahora representado en otro esquema, y la representación del mundo vendrá ahora dada por el funcionamiento del mundo vegetal, lo que es origen de una nueva concepción religiosa que abarca tanto las distintas mitologías en cuanto al origen del mundo como a la concepción de conceptos tales como el tiempo, la vida, la muerte y la sexualidad. A esto se añaden nuevos conceptos, como el de la fecundidad y la fertilidad, que pasarán a ocupar los lugares de honor en el ideario religioso del hombre del neolítico.

Estos conceptos de fertilidad y fecundidad se identifican plenamente con la mujer. Primero por su tradicional tarea de recolectora de frutos, que en esta nueva época adquirirá una importancia vital para la supervivencia de la especie. En segundo lugar, por la lógica identificación de la capacidad de la mujer para engendrar vida con la productividad de la tierra. Las mujeres son portadoras y conocedoras del misterio de la creación. Los mitos alrededor de la Tierra Madre se suceden en distintas civilizaciones, y se le adjudica a la mujer la capacidad de ser, por ella misma, engendradora de vida. Este misterio está también presente en muchas religiones posteriores al neolítico, que cuentan con deidades femeninas que paren a hijos sin participación masculina alguna; el ejemplo más próximo es el de la Virgen María de la tradición cristiana, aunque también encontramos mitos similares en las mitologías griega y oriental.

El descubrimiento del arado se asimilará al acto sexual, con lo que la sexualidad, que gozaba de escasa importancia en los estadios religiosos precedentes, pasará también a un primer plano. El hombre descubre que el trabajo sobre la tierra produce sus frutos, lo que extiende a la condición sexual. La generación de vida mediante el sexo será uno de los ejes centrales de la religiosidad de esta etapa. Por extensión, este ciclo que se inicia en el acto sexual acaba abarcando el nacimiento, tanto de la vegetación como de los hombres, como la muerte, que es interpretada como un regreso al vientre materno: "Arrástrate hacia la tierra, tu madre" (Rigveda, X, 18, 10). De la observación de la naturaleza, que cumple su ciclo de nacimiento, vida y muerte cada año, se confiere el mismo valor cíclico a la vida del hombre, que ha de morir (volver a la tierra) para posteriormente renacer. Este ciclo mitológico presenta ya una riqueza y frondosidad en cuanto a matices y conceptos que eran del todo inimaginables en el paleolítico. Por primera vez, el hombre observa una repetición del mismo proceso, con lo cual es capaz de extraer unas conclusiones precisas sobre el funcionamiento del mundo; el resultado de ello será la creación de patrones religiosos comunes, aceptados para facilitar la comprensión del mundo. En muchas de estas sociedades se dan mitologías ya perfectamente estructuradas, mientras que el carácter independiente e inmediato de las narraciones y rituales de los antiguos chamanes pasa a desempeñar un papel secundario en las preocupaciones existenciales del hombre del neolítico.

Este ciclo cósmico, que incluye la vida, la muerte y el renacimiento, constituirá el eje central de la religiosidad de esta nueva era en la historia de la humanidad. La mitología también conseguirá asimilar los fenómenos que ponen en peligro dicho ciclo en la naturaleza, tales como las sequías, inundaciones, plagas, etc., por lo que convierte en dramas mitológicos lo que anteriormente eran metafóricas explicaciones de los chamanes. El carácter sedentario de los agricultores motivará también una buena cantidad de cultos con el fin de asegurarse la buena fortuna en la cosecha. Ahora se pueden realizar siempre en el mismo lugar, y esto dará lugar a la construcción de espacios reservados a este fin: los templos. La conducción de estos ritos también precisará de nuevos conductores: el saber necesario para relacionarse con las divinidades no es ahora basado en la experiencia, sino teórico y comprendido en un conjunto de mitos y narraciones que se deben conocer. Surgirá así la figura del sacerdote, que hará suyas muchas de las funciones que antes correspondieran al chamán, amén de otras nuevas derivadas de la nueva situación.

Las cualidades del chamán, sin embargo, siguen siendo necesarias para la sociedad. Su saber es de otra naturaleza, proveniente de los viajes extáticos, y sus aplicaciones seguirán siendo necesarias, sobre todo a un nivel terapéutico. En muchas sociedades neolíticas conviven ambas figuras, si bien el chamán se ve limitado drásticamente. Es un "curandero", pero ha perdido ya su función de intérprete de la voluntad divina. Esta limitación viene dada también por el cambio operado en la sociedad, que ya no precisa con tanta urgencia de sus habilidades y que ya ha aprendido a codificar ciertos fenómenos naturales que antes correspondían a la esfera de lo "sagrado" o "misterioso". Su importancia, a nivel social, irá disminuyendo poco a poco hasta desaparecer, ya en la Edad de los Metales, como una figura social perfectamente delimitada. Sin embargo, y nuevamente, su ideario pervivirá, como hemos visto en el caso de los cazadores, en nuestra civilización hasta nuestros días. La existencia de magos y brujos ha sido una constante en la historia de las religiones posteriores, de la cual la tradición europea cristiana ha sido fiel guardiana a través de cuentos y leyendas. Todavía en el siglo XXI observamos como en nuestra sociedad occidental, industrializada y de pensamiento racional, tienen lugar figuras como los adivinos, médium, curanderos... No son, por supuesto, chamanes, por cuanto sus técnicas se muestran mucho más deterioradas y su función social que cumplen es del todo distinta, pero la significación es la misma: hay personas capaces de comunicarse con fuerzas de la naturaleza que son inaccesibles a la mayoría. Por no hablar de ciencias como la medicina, la psicología, la psiquiatría, etc., cuyo precedente más antiguo es la ciencia chamánica, puesto que ambas buscan el mismo fin: facilitar la vida a la comunidad a través de un conocimiento también inaccesible al grueso de la población.

2.7. Perdurabilidad del conocimiento chamánico hasta nuestros días

El proceso anteriormente descrito no es aplicable a todas las civilizaciones que pueblan el globo terrestre. Sí es cierto que en términos generales se vive un desplazamiento de las concepciones religiosas hacia nuevos conceptos y direcciones, pero la religión de las cavernas conseguirá prolongarse a través de los siglos, no sin la consecuente evolución, asimilación de nuevos caracteres provenientes de otras religiones cercanas en el ámbito geográfico y adaptación a nuevas circunstancias dadas por la historia —progresiva colonización de estas zonas por la civilización occidental y convivencia del fenómeno con otros sistemas ideológicos— y la sociedad —desplazamiento de diversas actividades, cambios en los tejidos sociales, etc. En nuestros días, dicha religión es ya irreconocible, puesto que los cambios que en ella se han operado han sido, a su manera, tan drásticos como los vividos por otras líneas de evolución religiosa a través de los siglos. Lo más parecido es, precisamente, la materia que nos ocupa, el chamanismo. Sin embargo, no conviene confundir ambos conceptos.

El chamanismo no es simplemente un estadio congelado en nuestros días de la religión del hombre de las cavernas. Eso le conferiría un estadio de "fósil", lo cual es del todo inadecuado y falso. Porque no podemos concebir que conceptos tan volátiles como los religiosos permanezcan durante miles y miles de años sin experimentar cambios y sin constituirse en una realidad diferente de la que provienen. El chamanismo hereda ciertas técnicas y concepciones de la religión de las cavernas, que no son las únicas que posee ni tampoco de su exclusiva propiedad. Al igual que la religión de las cavernas presentaba ciertos matices chamánicos, pero no la definimos como chamánica en su totalidad. Si procedemos a un análisis comparativo entre ambas concepciones religiosas, encontraremos muchos elementos en común, si bien no son todos, ni su grado de importancia y desarrollo dentro de la lógica interna es el mismo; desde un punto de vista histórico, encontraremos una línea conductora entre ambas más o menos estable y reconocible, pero en la que ambos extremos se diferencian perfectamente. Por otra parte, la similitud entre ambas no es mayor que la que se da entre dos interpretaciones diferentes de un mismo fenómeno religioso, como puede ser el caso de las religiones del Libro, que partiendo de un mismo punto —las Sagradas Escrituras— han configurado representaciones tan distintas como el judaísmo, el cristianismo y el Islam.

En diversas regiones del planeta, el impacto de la revolución neolítica no tuvo tanta fuerza como en las regiones mediterráneas y del Oriente Próximo. Tal es el caso de las llanuras árticas de Siberia y Asia central, de los confines de Mongolia y China, los archipiélagos de Oceanía, el aún sin descubrir Nuevo Mundo y el continente africano. En estos lugares la importancia de los descubrimientos referentes a la agricultura y la cerámica, por no hablar ya de la metalurgia, es escasa o nula. En muchas poblaciones se limita a combinar las actividades tradicionales de caza —escasa en nuestros días—, pesca y recolección con el cultivo de algunas especies minoritarias; estos cultivos no han alterado el comportamiento ancestral de estos pueblos, por lo menos de forma esencial, ni sus concepciones religiosas. En algunos de estos casos —que no en todos— la comunicación permanente y voluntaria del chamán con el otro mundo no sufrió el desplazamiento social y religioso que hemos descrito anteriormente. Esta práctica, por lo tanto, ha podido seguir su libre evolución hasta constituir lo que en nuestros días llamamos, de forma genérica, chamanismo. El caso más claro lo encontramos en Siberia y Asia central, donde incluso las condiciones climáticas no difieren en demasía de las de la época de la última glaciación.

En efecto, el chamanismo, desde un punto de vista científico, es un fenómeno eminentemente asiático, más propio de las etnias de origen altaico, turco-mongol u oriental. Las sociedades que habitan esta parte del mundo fueron, en muchos casos, ajenas a los progresos técnicos del neolítico por lo que mantuvieron estructuras más cercanas a la ideología del hombre de las cavernas, tanto sociales como espirituales. Como ya hemos referido con anterioridad, la ideología del cazador mantiene su primacía a lo largo de los siglos: a finales del siglo IV d.C., los hunos, pueblo proveniente del Asia altaica, sometieron a los pueblos de la actual Europa oriental: llegaron hasta las inmediaciones de los Alpes orientales y controlaron de una manera absoluta las poblaciones de las actuales Ucrania, Rumania y Bulgaria; en el siglo XIII, un conquistador mongol, Gengis Khan, estremeció al mundo occidental al constituir un imperio que iba desde las playas del mar Caspio hasta la costa pacífica de China. En ambos casos es remarcable la fiereza y el ardor guerrero de las hordas asiáticas, su disciplina marcial y el carácter casi esotérico de su filosofía de guerra. Estas sociedades, que han mantenido en muchas ocasiones un ideario de vida nómada, dedicado al pastoreo y la ganadería, han mantenido también muchas de las concepciones animistas de la prehistoria y se han constituido en una especie de "reserva espiritual" de un tipo de sabiduría que se basa en la comuni-

cación con los espíritus. Su modo de vida es susceptible de precisar dicha comunicación, y de ahí que el
chamanismo alcance sus más altos niveles de importancia entre ellos.

El chamanismo asiático no está, sin embargo, exento de una evolución y del sincretismo con otras religiones, en concreto con el lamaísmo y el budismo. El
intercambio de conceptos religiosos también se ha dado
en dirección contraria, y así el lamaísmo asimiló técnicas arcaicas de expansión de la conciencia hasta el absoluto provenientes del chamanismo. A pesar de ser
concepciones religiosas de naturaleza distinta, la convivencia entre ambas se ha dado de forma natural y tran-
quila, por lo que han resultado enriquecidas ambas
posiciones con nuevos preceptos, si bien para algunos
investigadores esto demuestra la progresiva decadencia de la ciencia chamánica, que ya no goza del poder
de antaño y debe procurarse otros elementos en principio ajenos a su propia configuración. De todas maneras, el sincretismo religioso es un fenómeno inevitable,
resultante del contacto de dos realidades distintas que
en ningún caso se han estancado, sino que siguen es-
tando vivas y se nutren de los elementos que encuentran a su paso.

El chamanismo americano es, quizá, el que más se
ajusta al modelo siberiano, sobre todo en América del
Sur. A pesar de que la antropología no ha sido capaz de
determinar el origen de los primeros inmigrantes que
llegaron al Nuevo Continente, parece indudable hablar

de una cierta unidad etnológica y cultural entre los pueblos del noreste asiático y los americanos. Encontramos un cuerpo común de creencias, costumbres, estratificaciones sociales y formas de organización, y el chamanismo es uno de los aspectos que pertenecen a este cuerpo común. El teórico aislamiento en que vivieron los habitantes del continente antes del descubrimiento español ha facilitado la conservación de los rasgos esenciales del chamanismo, ya sean pertenecientes a los primeros pobladores del continente o se hayan asimilado más recientemente, como consecuencia de la relación entre Asia y las costas occidentales americanas. De todas maneras, la colonización y civilización del Nuevo Mundo por parte de las potencias europeas destruyó, además de muchas culturas autóctonas, la documentación necesaria para elaborar teorías fiables en cuanto a la religiosidad amerindia, con lo cual la tarea de delimitar el sustrato puramente local del que se ha asimilado de otras poblaciones resulta, a todas luces, imposible. Tan sólo nos queda el reseñar la pureza del chamanismo americano y el lugar que guardan los chamanes en el orden religioso y social de determinadas tribus y etnias.

Entre los esquimales, el chamanismo presenta grandes coincidencias con el modelo siberiano-ártico. El chamán constituye la figura central de la religiosidad entre los esquimales, y las técnicas y procedimientos de los que se sirve son en todo iguales a los de sus colegas árticos: trance, vuelo extático, comunicación con los espíritus, etc. Al igual que en Siberia, debe pasar por periodos de vocación e iniciación para conseguir sus poderes: entre ellos se cuentan la curación, la invocación del buen tiempo, las relaciones con la Madre de los Animales —versión femenina del Señor de los Animales que otorga el favor en la caza— y, en ocasiones, la ayuda a mujeres estériles. La morfología de la sesión chamánica es la misma que ya hemos estudiado: el chamán eleva su alma —o la sumerge en el océano— hasta conseguir contactar con los espíritus y delimitar la naturaleza del problema: suele ser la transgresión de algún tabú o prohibición, y en el caso de las enfermedades, la introducción de un agente externo en el cuerpo o la pérdida del alma. La sesión presenta algunas diferencias de carácter ritual con el modelo asiático, en concreto la falta de una vestimenta especial para la ocasión y del tambor que utilizan sus equivalentes siberianos para entrar en trance. Pero en términos generales, el chamanismo esquimal presenta una continuidad significativa con respecto al asiático y siberiano.

Es en América del Norte donde el chamanismo muestra una personalidad más diferenciada con respecto al modelo tradicional, si bien está basada en la particular idiosincrasia de las tribus indias. La religiosidad propia de estas tribus permite la comunicación con el mundo de los espíritus a casi todos sus miembros: casi cualquier indio, sea cual sea su condición, puede acceder a la tutela de algún espíritu e invocar su protección. En este sentido, casi todos los indios son chamanes en cuanto que mantienen una relación con el otro mundo. Sin embargo, sólo los auténticos chamanes controlan esta comunicación, son capaces de acceder a ella por voluntad propia y de manipularla en su propio beneficio o en el de algún miembro de la comunidad. En las tribus indias de América del Norte el chamán es respetado por el dominio preciso de una técnica, no por una especial sensibilidad, ya que ésta es compartida por todos los miembros de la comunidad. De hecho, a lo largo del siglo XIX y parte del XX, se dan movimientos místicos en el seno de la comunidad india —las cofradías secretas— que pretenden acabar con los privilegios de los chamanes y restaurar una comunicación libre con el mundo de los espíritus; dichos movimientos, basados en iniciaciones y ceremonias que utilizan la danza ritual como vía para llegar al éxtasis, no tuvieron el éxito esperado, y el chamán sigue siendo hoy el interlocutor más válido entre el mundo de los hombres y el de los espíritus. No es, sin embargo, la única figura religiosa que hallamos en las tribus indias, ya que comparte el protagonismo con otros "especialistas" de lo sagrado, como son el sacerdote —que conduce los ritos— y el hechicero, o "brujo negro", que se sirve de la magia para obtener poder; en algunas comunidades también encontramos la figura del *medicine-men*, experto en la salud y que en ocasiones puede actuar como curandero, al igual que el chamán.

Es en América del Sur donde el chamán vuelve a recobrar el protagonismo absoluto de la vida religiosa. Es, ante todo, el comunicador por excelencia entre los dos mundos existentes. Sus funciones incluyen el trato con los espíritus, el portavoz de las voluntades de dioses y fuerzas sobrenaturales, el guardián de los tabúes, prohibiciones y rituales, el encargado de velar por la buena fortuna de la comunidad, el protector de ésta frente a los malos espíritus, el sanador por excelencia, el que guarda la responsabilidad última sobre cuestiones como la caza y la pesca, los fenómenos meteorológicos, el nacimiento de niños, la adivinación de futuros acontecimientos, etc. A todo ello hay que añadir la función de *psicopompo, es* decir, de acompañante de las almas de los muertos a su última morada —en algunas mitologías sudamericanas el viaje al más allá es tan largo y complicado que las almas de los difuntos son incapaces de realizarlo por sí mismas, y precisan de la ayuda del chamán. En algunos casos comparte sus atribuciones con los sacerdotes, si bien estos últimos se limitan a la conducción de ciertos ritos y su protagonismo es considerablemente menor. En pocos lugares como en la América del Sur goza el chamán de tanto y tan elevado prestigio: los guaraní, por ejemplo, llevan tan lejos su veneración a los chamanes que llegan a rendir culto a los huesos de los chamanes difuntos en las chozas —el culto a los huesos y a la sangre guarda reminiscencias del ideario del cazador, en contraposición al culto a la carne, el esperma y la sangre, más propias de la religiosidad del neolítico y que expresan el misterio de la creación y la generación de la vida (Eliade, 1951).

Para terminar nuestro recorrido por los espacios del mundo donde el chamanismo es una práctica recurrente, debemos viajar a Oceanía. De nuevo el aislamiento de la mayoría de las islas que componen el quinto continente ha motivado la conservación de formas de vida y religiosidad que de otra manera se hubiesen perdido irremediablemente. Si bien en las islas de la Melanesia y la Micronesia la figura del chamán no existe propiamente dicha, encontramos un equivalente en el curandero, que sin embargo ve limitada su función a la de mero sanador que actúa en una esfera privada e individual, debido a la importancia de los sacerdotes en la conducción de los rituales destinados a procurarse el favor de los espíritus. En la Polinesia, sin embargo, el chamanismo sí que alcanza un mayor grado de representatividad, aunque no llega a ser el elemento central de la religiosidad de estos pueblos: los sacerdotes, pertenecientes a la nobleza, eran los custodios de las tradiciones y maestros de ceremonias; se les suponían poderes sobrenaturales, tales como la adivinación y la capacidad de contactar con los dioses y antepasados, y para acceder al cargo habían tenido que soportar una larga formación. Ello no excluye la presencia de curanderos, magos y exorcistas, que también tenían perfectamente delimitadas sus funciones sociales.

3. Mitología chamánica

3.1. Mitología chamánica. Aspectos generales

La mitología chamánica, independientemente de los marcos socio-culturales donde se desarrolla, muestra una serie de aspectos generales que hacen posible establecer una serie de pautas, comunes a todos los chamanismos, que nos permiten estudiar sus mitos y creaciones de una manera global, si bien es necesaria la posterior matización y ubicación etnográfica y religiosa de estos aspectos. Existen elementos suficientes como para hablar de una mitología chamánica, que proviene mayoritariamente de las experiencias extáticas que experimentan los chamanes y cuyo enfoque se dirige también a las ceremonias y rituales derivados de dichas experiencias. Su conservación se articula principalmente a través de la tradición oral —en forma de mitos, leyendas y cuentos—, poética —en las narraciones de los viajes de los chamanes por el otro mundo— y folclórica —en los cantos y danzas propios de los trances extáticos.

La figura principal de esta mitología es, cómo no, el chamán. El mediador entre hombres y espíritus es el creador de los relatos que, en última instancia, conforman una representación de la realidad válida para el resto de su comunidad. Ya hemos remarcado antes la necesidad de que la cosmogonía y visión de cada chamán, a pesar de su singularidad y particularidad, debe hallarse perfectamente integrada en las creencias de la tribu o sociedad de donde proviene, así como en el sistema ideológico o religioso que profese esta comunidad. El chamanismo, por su especial configuración, es un fenómeno esencialmente individual, dependiente de la experiencia y bagaje de cada chamán, de su sensibilidad y de su capacidad de transmitir de una manera entendible la lógica del mundo y de la existencia que desarrolla a través de sus viajes del alma. Pero no podemos olvidar que el chamán guarda una función eminentemente social, por lo que dicha lógica debe ser compatible con el sistema de creencias —que, como ya hemos visto anteriormente, puede ser de muy diversa índole: animista, politeísta, monoteísta, etc.— imperante en la sociedad a la cual sirve. Sólo de esta manera la sabiduría y poder del chamán puede ser realmente útil.

La propia naturaleza del chamanismo, sin embargo, establece unos parámetros generales que de ninguna manera se contradicen con dichas creencias: al contrario, las narraciones del chamán enriquecen el orden y la representación del mundo que ya existen entre su sociedad. El primero y más significativo de estos parámetros es la existencia de dos planos de realidad, el físico y el espiritual, entre los cuales el chamán media y negocia para conseguir que ambos fluyan de la manera más natural posible. Esta dualidad es compatible con la existencia de un dios único, que a menudo guarda la categoría de *deus otiosus,* dios que creó el mundo para después retirarse a atender los asuntos celestes y que dejó los problemas humanos y propios de la tierra en manos de otros dioses y divinidades inferiores. Divinidades estas con las que trata el chamán en el transcurso de sus viajes extáticos. Por lo tanto, los mitos relacionados con el origen del mundo, aceptados por la totalidad de la comunidad y en los que suele intervenir este dios, no son incompatibles con las posteriores narraciones del chamán. En este aspecto concreto, mitología y chamanismo actúan en diferentes estadios de lo sobrenatural, estadios que se complementan el uno al otro y que concurren en una única representación de la existencia.

La representación del mundo en el imaginario chamánico es también tripartita ya que establece tres niveles distintos de la realidad: el alto, el medio y el bajo, los cuales se dividen a su vez en varios niveles. El alto, o celeste, está poblado por las divinidades cercanas a dios y por el propio dios, y es de naturaleza benigna para el hombre; el medio, o terrenal, corresponde al hombre, a las plantas y a los animales, y sirve también como elemento de espíritus de muy diversa clase que animan la realidad; por último, el bajo, o subterráneo, pertenece a las potencias infernales y a las almas de los muertos. Este mapa de la realidad se representa mediante diversas "alegorías": el "árbol cósmico", símbolo del chamanismo, que hunde sus raíces en el mundo subterráneo y alza sus ramas al cielo, siendo el tronco el mundo terrenal; o el "río de la vida", cuya ribera sur corresponde a la esfera celeste y la norte, a la infernal; de igual manera, también el curso de este río es representativo de los tres estratos de la realidad: el nacimiento del río, que se sitúa igualmente en las alturas y está cargado de luz y energía, y el final, oscuro, ya perteneciente a los muertos, que se encuentra al norte (o al este).

Esta división tripartita del mundo se manifiesta también a través de otras alegorías, como escaleras, cuerdas e incluso serpientes, uno de los animales que mayor importancia guarda en la simbología chamánica y cuyas significaciones concretas estudiaremos más adelante. Todo ello viene a representar un concepto inherente a un gran número de religiones y de creencias religiosas, como es el del *axis mundi,* el eje del mundo, que une los diferentes estratos de la existencia. Los viajes extáticos que realiza el chamán guardan una íntima relación con esta representación del mundo: durante los mismos, el chamán vuela por dichos estratos de la existencia. Dependiendo de sus objetivos, el viaje tendrá lugar en una u otra determinada región del cosmos: a menudo, la búsqueda del chamán transcurre por varias de estas regiones, hasta que consigue encontrar el espíritu causante del problema que debe resolver. No hay que olvidar tampoco la importancia que para estas comunidades tiene otra de las funciones del chamán, a menudo olvidada por la preponderancia que guarda su labor terapéutica: el chamán es también conductor de las almas de los muertos a su último lugar de descanso, con lo cual está obligado a visitar con frecuencia las regiones subterráneas del cosmos, donde estas habitan. Estas regiones subterráneas son análogas a la concepción cristiana del infierno, si bien no guardan ninguna significación moral, y constituyen únicamente el lugar donde habitan las almas de los muertos y ciertas potencias sobrenaturales, no necesariamente maléficas.

Se diferencian dos temáticas principales en la mitología chamánica: las referentes a la elección e iniciación del chamán por parte de los espíritus y las que versan sobre las ceremonias o sesiones chamánicas, es decir, sobre la resolución de los problemas concretos a los que se enfrenta el chamán al desempeñar su función. Ambos se representan haciendo uso de alegorías y metáforas que tienen como fin último describir, en la medida de lo posible, el mundo de los espíritus. La elección del chamán se define como un acoso y persecución de éste por parte de los espíritus, que a menudo guarda un nada disimulado carácter sexual: este proceso narra también la inicial resistencia del elegido a aceptar estas proposiciones, así como su final rendición ante su destino y la aceptación de su papel en el mundo. La elección chamánica constituye, en la mayoría de ocasiones, la descripción de la lucha del chamán contra esos espíritus que finalmente se convertirán en sus aliados y maestros, aún en contra de su voluntad y aunque para ello sea necesario mucho tiempo; en sociedades donde el chamanismo se ha visto obligado a convivir con formas de vida más cercanas a nuestra civilización, son muchos los casos de chamanes que aceptaron su condición pasados muchos años, durante los cuales incluso llegaron a abandonar su comunidad y a adoptar formas de vida occidentales para, finalmente, aceptar su situación y volver a sus raíces culturales ya convencidos de su especial condición. No es extraño, como ya mencionamos en el capítulo referente a la vocación e iniciación chamánica, que el rechazo total de esta elección conlleve la muerte del elegido.

En referencia a la iniciación e instrucción, la mitología chamánica es pródiga también en alegorías que expresen la especial naturaleza de estos procesos. Los relatos presentan, además de la consabida educación a manos de los espíritus, el descubrimiento del otro mundo por parte del chamán, que se expresa, nuevamente, a través de las alegorías referentes al árbol cósmico o a las regiones que bordean el río de la vida. También se representa mediante el cuidado y cría del alma de los chamanes, como si de un animal se tratase, a manos de los espíritus y potencias del otro mundo. Y, reincidiendo en el carácter de tránsito a un nuevo estado, se suceden las narraciones sobre el despedazamiento y conversión del cuerpo del chamán: las alegorías se refieren a la cocción en el fuego, la forja en la herrería, la introducción de pedazos de cristal y serpientes —que representan al otro mundo y de los cuales el chamán es ya portador inexcusable—; todo ello viene a representar la necesaria muerte y resurrección del chamán, necesaria para llevar a cabo su labor y que, en términos más objetivos guarda un significado de abandono de un estado anterior y renacimiento a uno nuevo. Se interpreta también como el necesario sacrificio a los espíritus para gozar de su favor; y, desde una óptica más pragmática, como una prueba iniciática que determine el valor y la disposición del aspirante para tan ardua labor.

En cuanto a la función del chamán, principalmente es terapéutica. En algunas regiones alrededor del ritual se centran otros aspectos relacionados con los espíritus, tales como la posesión que ejercen los espíritus de los animales sobre los hombres, la esterilidad de las mujeres o la cría del ganado, la suerte en las cacerías, la adivinación, la conducción de las almas de los muertos a su último descanso, la expulsión de los espíritus del cuerpo humano o del hogar, el otorgamiento de cualidades vitales a los amuletos, el cuidado de los bienes comunes, de la cosecha, etc. El proceso de la intervención chamánica se simboliza mediante el viaje por el mundo de los espíritus del chamán o de alguno de sus espíritus guardianes, durante el cual el chamán va de un espíritu a otro hasta que averigua cuál es el causante del problema, lo alaba e intenta convencer para que escuche sus peticiones, y una vez conseguido su objetivo (sanación, buena suerte en la cacería, consecución de nuevas fuerzas vitales, etc.) traslada las peticiones del espíritu al resto de la comunidad.

En las leyendas que versan sobre las proezas chamánicas, relativas a las ceremonias y a los viajes del alma, se muestra una especial atención a la resolución de los motivos épicos, como el rapto del alma por un espíritu antagonista, la huida, los vuelos, las diferentes transformaciones de los objetos y del mismo héroe —el chamán, sus espíritus guardianes y sus enemigos, entre los cuales no sólo se encuentran los espíritus infernales, sino los chamanes negros, capaces de corromper el alma y atraer la desgracia. Estas narraciones sobre viajes chamánicos, duelos, milagros, trucos, etc., que interpretan y muestran las visiones extáticas que tienen una tendencia hacia la separación de situaciones concretas y que, en ocasiones, conforman ciclos alrededor de la figura de alguno que otro gran chamán del pasado, cuyas proezas constituyen un objeto de culto y atención (el culto a los antiguos chamanes sobrevive entre yakutos, buriatos, yukaguiros, etc.).

Este tipo de narraciones guardan una cercanía con los relatos mitológicos protagonizados por héroes de la tradición clásica. En la épica arcaica, donde la categoría del héroe no se diferencia de los seres fantásticos o mágicos, los personajes de fondo chamánico componen un fondo mitológico, y muchos personajes mitológicos muestran capacidades chamánicas. Los elementos de la mitología chamánica perviven en culturas y tradiciones ulteriores: en las sagas escandinavas, el dios Odín recibe la miel sagrada y la sabiduría de las runas como resultado de una iniciación chamánica a manos del fresno Ighdrazil; el griego Orfeo completa un viaje por el mundo de los muertos; el carelio-finés Byaniamioynene es enviado al infierno en busca de instrumentos mágicos, etc. De la misma manera, muchos de los conceptos relacionados al chamanismo y ya mencionados, como el *axis mundi,* encuentran también su analogía en las culturas occidentales (recuérdese la escalera de Jacob, por la cual descendían ángeles, y cuya significación es, obviamente, la misma que la del Árbol Cósmico, la de comunicadora entre el mundo celestial y el terrenal).

3.2. El origen del mundo

Las diversas cosmogonías, o narraciones en torno al origen y creación del mundo, que encontramos en la mitología chamánica arrojan una conclusión, cuanto menos, curiosa. Y es que resulta remarcable la poca importancia que las comunidades donde se practica el chamanismo confieren a este aspecto: no parece ser un aspecto de los que más preocupan, y el espacio dedicado a narrar el origen de la existencia ocupa muy poco lugar dentro del denso tejido que constituye la mitología de los chamanes. En los mitos chamánicos el mundo aparece como una realidad ya existente; lo que los mitos pretenden explicar es su actual constitución, el papel que en él juegan las diversas potencias sobrenaturales, el lugar que ocupa el hombre, etc.

Entre las poblaciones de Asia central y septentrional, donde el chamanismo alcanza sus mayores niveles de importancia, los mitos cosmogónicos presentan un gran interés por su fondo común, si bien las formas y detalles cambian dependiendo de cada una de las culturas en cuestión. Pero, en cualquier caso, y obviando los caracteres específicos de cada versión, el mito es siempre el mismo. En un principio, el mundo estaba cubierto de aguas, hasta que el dios se sumerge en sus profundidades y extrae un poco de limo con el que modela las tierras y montañas que conforman la parte terrestre del globo; en otras ocasiones, no es el dios quien se sumerge en el abismo acuático, sino que ordena a un animal desconocido que lo haga, lo cual desencadenará el eterno combate entre el bien y el mal que todavía hoy sigue vigente; analizaremos esta segunda versión a continuación, por la especial importancia que tiene. De momento, y limitándonos a la primera, debemos hacer notar que este mito se halla difundido por gran parte del mundo y a través de la historia: lo encontramos atestiguado en el hinduismo (un gran dios, Visnú, Brahma o Prajapati, se transforma en jabalí, desciende al fondo de las aguas y hace emerger la tierra). La segunda versión, en la que es un animal el que se sumerge en las aguas, la encontramos también en la India pre-aria, en Asma, en las poblaciones de América del Norte, etc., si bien en estas narraciones el animal no acaba oponiéndose al dios ni desencadenando la lucha entre principios opuestos; por ello, y a pesar de que en cuestiones formales estas poblaciones presentan una mitología más cercana a la segunda versión, su significación religiosa es, en el fondo, más parecida a la primera versión por cuanto sigue manteniendo al dios como responsable único del funcionamiento y orden del mundo.

La segunda versión, que predomina en los pueblos de Asia y, convenientemente disfrazada y actualizada en las religiones paganas y en los folclores de Europa del este, es más interesante desde el punto de vista de la historia de las religiones, por haber adquirido un carácter eminentemente "dualista", es decir, que expresa la lucha entre dos conceptos opuestos, el bien y el mal, el dios y el animal que acaba revelándose contra la voluntad de su amo. En muchas de las versiones el animal que se sumerge en las aguas guarda en su boca un poco de limo que no entrega; este acto de rebelión será el que provoque, entre otras cosas, el mal que atenaza al mundo. La significación religiosa más profunda de este mito consiste en exculpar al dios supremo de la existencia del mal en el mundo; no es él, sino uno de sus súbditos el que, por su mezquindad y soberbia, provocará las calamidades y catástrofes que hemos de sufrir los seres vivos. Este dualismo es consecuencia del estrecho contacto que tuvieron, probablemente, las comunidades de Asia central con la religión de los iranios, que presenta un magnífico desarrollo de este concepto y que lo ha exportado, entre otras religiones, al judaísmo y, por ende, al cristianismo y al Islam (nótese el paralelismo con la rebelión de Lucifer, que motivó su expulsión del Paraíso y, por extensión, la creación de un infierno donde alojar a aquellos que desobedecen los preceptos divinos).

En algunos pueblos turco-mongoles, el mito cosmogónico muestra elementos de ambas versiones. Entre los buriatos, Sombol-Burkan ordena a un ave acuática que se sumerja en las aguas; con el limo que ésta le trae, modelará la tierra y, posteriormente, a los hombres. Entre los tártaros lebedes, es un cisne blanco quien se introduce en las aguas a buscar el barro con el que el dios modelará la tierra; sólo posteriormente aparecerá el diablo, que creará los pantanos. Entre los mongoles son dos dioses, Ocirvani y Tsagan-Sukurty, quienes descienden del cielo primordial a las profundas aguas del océano: el primero pide al segundo que le traiga un poco de limo, que extienden sobre una tortuga; los dos se duermen y entonces aparece el diablo, Sulmus, que al intentar ahogarlos provoca la creación del mundo. Según otra versión, Ocirvani pide arcilla a Tsagan-Sukurty, quien en un primer momento se rebela contra la orden, pero finalmente se sumerge y le trae el limo con el que se modelará la tierra; una vez creada, aparece el diablo Sulmus, que reclama su parte de la creación, exactamente la que alcance a tocar con la punta de su bastón: al golpear el suelo, del bastón surgirán serpientes que se extienden por el mundo. Finalmente, entre los tártaros altaicos, el mito cosmogónico hace al hombre —en forma de foca negra— protagonista de la creación, puesto que es a él a quien se le pide que se sumerja en las aguas en busca de limo; el hombre se guardó un poco en la boca, pero al empezar la tierra a crecer el limo se fue hinchando, hasta que al final se vio obligado a escupirlo por lo que dio así origen a los pantanos y al consiguiente enfado de Dios: "Has pecado y tus súbditos serán malvados. Los míos serán piadosos, y verán el sol y la luz, y yo seré llamado Kurbystán. Tú serás Erlik" (Eliade, 1983).

La estrecha relación, tanto geográfica como cultural, entre los pueblos de Asia central y septentrional motivan el continuo préstamo de motivos y detalles referentes a la creación del mundo. En cualquier caso, el mito de la inmersión acuática está también atestiguado en otras poblaciones y grupos humanos más lejanos, como los finougros, los eslavos occidentales y orientales y, en menor medida, algunos grupos de América del Sur. La naturaleza de dicho mito sigue hoy despertando gran pasión entre los historiadores y estudiosos de la religión, en cualquiera de sus dos versiones. Si bien la segunda, en la que se enfrentan el dios supremo y sus auxiliares del mundo animal, presenta unas mayores posibilidades dramáticas. Los mitos invocan la zambullida y la posterior creación del mundo en su configuración actual, explicando con todo detalle el origen de sus imperfecciones, de las montañas, de los valles y pantanos, y, en última instancia, de la muerte, del mal y del diablo. Es el animal que se sumerge en las aguas el responsable del estado actual del mundo, por lo que el dios queda exento de toda responsabilidad. Este animal, que es en primer lugar compañero del dios, servidor y finalmente adversario, es el que introduce un elemento de insubordinación, de rebeldía que provocará el eterno combate entre fuerzas de la creación, combate en el que el hombre se ve atrapado muy a su pesar. Es necesario volver a remarcar las similitudes con la cosmogonía judaica —y, por extensión, cristiana y mahometana—, que asimila estos mismos conceptos provenientes de los iranios y su religión zoroastra. De esta manera queda suficientemente explicado el origen del mal como un hecho ajeno al dios, cuya voluntad hubiese querido un funcionamiento del mundo diferente y, en todos los aspectos, mejor. Es su misma creación la que se rebela contra su voluntad y decide reivindicar una cierta autonomía, con lo cual desencadena el desastre.

Entre los pueblos de América del Sur, las cosmogonías presentan las mismas características esenciales que en Asia: a saber, una gran diversidad dependiente de las diferentes sociedades y etnias que practican el chamanismo y una escasa o nula importancia en la creación del mundo como tal. La mayor parte de las mitologías sudamericanas nos proporcionan muy poca información en cuanto a la creación del mundo, que suele servir más bien como una mera introducción a temas considerados más importantes. El mundo, según los mitos de estas comunidades, no surge como consecuencia de un acto de creación de la nada: es, más bien, una transformación a partir de algo ya existente. El rasgo es también común a otras cosmogonías sudamericanas pertenecientes a sociedades donde el chamanismo no tiene lugar. El énfasis de estas narraciones mitológicas se encuentra, nuevamente, en la formación del universo —a partir de algo ya existente— tal y como lo conocemos: a través de diversos ciclos se explica el origen de los animales, de las plantas, del hombre e incluso de las instituciones y costumbres que rigen la vida cotidiana de los humanos (Cipoletti, 1991).

De nuevo encontramos el agua como principio inexcusable de la vida y, por extensión, de la creación. Entre los kogis, pueblo que habita en Colombia, al principio existía sólo agua: fue la voluntad de una divinidad femenina la que consiguió crear, a partir de la fuerza de sus pensamientos, las capas sucesivas del cosmos. Los secoyas, de Ecuador, aseguran que existió, en un tiempo inmemorial, una tierra distinta a la que hoy conocemos, que pereció en un gran cataclismo: el resultado fue una gran masa de agua cenagosa; de nuevo fue la voluntad de una deidad, Nañe (la Luna), la que hizo salir de dicho cenegal a un tatú (armadillo) que guardaba adherido a su caparazón un pequeño trozo de barro, a partir del cual hizo surgir el mundo para lo que se

sirvió también de la fuerza de sus pensamientos. Las similitudes con las cosmogonías asiáticas son innegables,
y los elementos principales —el agua, el barro— se re-
piten, así como la acción de un Dios o fuerza divina. No
encontramos, sin embargo, ni la dualidad ni la acción
rebelde que dio lugar a la lucha entre bien y mal. Este
tema no parece encontrar una excesiva importancia en
la mitología de los pueblos sudamericanos, quizá por la
imposibilidad de un contacto con otras culturas que sí
lo hayan desarrollado, como en el caso anterior.

Entre otras culturas sudamericanas no andinas, sin
embargo, encontramos un mayor nivel de abstracción
en lo que concierne a los mitos que narran el origen del
mundo. El mundo surge de pensamientos y palabras,
lo que también muestra un cierto paralelismo con algunas religiones occidentales. Entre los uitotos, de Colombia, se cree que fue un dios creador. Moma, (también
representativo de la Luna), el principio activo de toda
la existencia; su origen se narra así: "En el comienzo, la
Palabra dio origen al Padre", lo que no deja de mostrar
un sorprendente parecido con el texto bíblico: "En el
principio existía la Palabra, y la Palabra estaba junto a
Dios, y la Palabra era Dios" (Juan 1,1). Los uitotos nom-
bran a Moma también con otros epítetos, como Rafue-
ma, "el poseedor de relatos" o "el que es los relatos", y
Nainuema, el "inaccesible" o "inexplicable". El estudio-
so de la religión uitoto, Konrad Theodor Preuss, incluye
en su obra *Religión uns Mithologie der Uitoto* (1921) una
narración que ilustra cómo dicha divinidad creó el mun-

do a partir de la "cosa virtual", es decir, del estado de la cosa antes de su aparición:

> La creación del mundo... viene de que el padre Nai-
> muena, aunque nada existía, tocó una misteriosa...
> imagen y, en sueños, la retuvo con un hilo que discu-
> rría por el aliento de su boca. Pero al intentar... el
> falso suelo, no encontró nada. Siempre a tientas y en
> sueños, siguió apretando el vacío..., sujetándolo y
> reteniéndolo con el adhesivo mágico arebaike y con
> la vaporosa sustancia mágica iseike. Luego pisó repe-
> tidas veces el ilusorio suelo para allanarlo y se asentó
> en lo soñado... Tal es el nombre de la Tierra. Escu-
> piendo de su boca el agua (para hacer brotar la vege-
> tación), tuvo en su poder la cosa virtual (Naino), y de
> la Tierra extrajo el Cielo... a continuación Rafuema,
> tras larga deliberación, compuso este relato en el fon-
> do del Cielo, es decir, en el mundo inferior, para que
> nosotros lo lleváramos allá arriba, a la Tierra. En la
> Tierra surgieron todos los árboles y plantas trepado-
> ras, y él creó la cigarra, los animales de la selva espe-
> cie por especie, las aves del aire, cuyos nombres
> también nosotros aprendemos, y en el agua las gran-
> des y pequeñas tortugas... (Preuss, 1921, citado por
> Cipoletti, 1991).

El relato ilustra la tendencia a la abstracción de las cosmogonías sudamericanas. Encontramos también características similares en otros pueblos. Los indios piaroas de Venezuela narran la existencia de un tiempo en el que nada existía: entonces apareció el Cielo, y después Buoka, uno de los tres grandes héroes culturales, que creó el mundo y todo lo existente; surgió de una "brisa" de palabras y pensamientos, de la nada que pasó a ser el todo (Boglár, 1982, citado por Cipoletti, 1991). A pesar de que todas estas divinidades no gozan de un culto, entendido desde una perspectiva occidental (no hay ceremonias en su honor, ni templos, ni fiestas), sin su presencia y sin la consiguiente creencia en su existencia, los ritos y cánticos de los chamanes, así como su labor, serían inútiles: son ellos los que articulan el funcionamiento del mundo y los que aseguran una continuidad de los conceptos fundamentales para estos pueblos.

Así pues, notamos que en las cosmogonías sudamericanas la creación del mundo tiene, si cabe, aun menos importancia que en las comunidades de Asia central y septentrional. Estas mitologías inciden en la relación entre pensamiento, palabra y obra, por lo que el interés reside en las relaciones semánticas y lingüísticas más que en las netamente cosmogónicas. Ello no significa, ni muchísimo menos, que las cosmogonías de estos pueblos no gocen de una riqueza equiparable a cualquier otra: simplemente el interés radica en otras cuestiones, que nos dedicaremos a estudiar en el momento preciso. Por el momento, valga la pequeña referencia que hemos hecho para mostrar, una vez más, la diversidad y complejidad de las creencias que conviven con el chamanismo. La existencia de dichos mitos y divinidades refuerza la convicciones de la lógica chamánica, que se nutre de ellos para elaborar un sistema reconocible y entendible para estas sociedades.

3.3. Dioses, espíritus y otros personajes de la mitología chamánica

Ya hemos visto con anterioridad, y hemos tenido ocasión de comprobarlo en repetidas ocasiones, como el chamanismo puede fácilmente convivir con distintos sistemas religiosos. Su especial naturaleza, claramente privada e individual, concreta y precisa, no se contradice con la creencia en panteones de dioses celestiales, ya sea uno solo o varios. Por supuesto, la convivencia del chamanismo con estos sistemas variará dependiendo del sustrato cultural de cada una de las sociedades donde tengan lugar las prácticas chamánicas; de nuevo, la diversidad y variedad de etnias juega un papel preponderante en el juicio de este complejo fenómeno y dificulta una exposición simple y generalizada de sus aspectos principales. Aún así, podemos concretar algunos de estos aspectos básicos, cuya presencia en las estructuras del fenómeno que nos ocupa reviste una particular importancia. Uno de estos aspectos principales es la creencia de un dios celeste, soberano de la creación y de los hombres.

Entre los pueblos altaicos, la más importante encarnación de este dios celestial corresponde, sin duda alguna, a Tängri (Tengri entre los mongoles y kalmucos, Tengeri para los buriatos, Tängere para los tártaros del Volga, Tingir entre los beltires). Su presencia está atestiguada, por lo menos, desde el siglo II a.C. entre los hiong-un, y su culto se extiende desde las fronteras de China hasta el sur de Rusia, desde el estrecho de Bering hasta el mar de Mármara; como divinidad suprema de los altaicos su culto se ha mantenido a pesar de recibir estas culturas sucesivas influencias de origen mesopotámico, iranio, chino, indio, tibetano, cristiano y maniqueo, a lo que hay que sumar los constantes influjos del Islam y del cristianismo ortodoxo ruso. Su campo de acción a través de la historia, el tiempo y el espacio es, por tanto, inmenso.

El término *tängri* se utiliza entre estos pueblos con varias significaciones, todas ellas referentes a lo divino. Significa a la vez "dios" y "cielo". En su forma plural, *tengri,* se utiliza para designar a los dioses de aquellos pueblos que han desarrollado sistemas religiosos politeístas, como los buriatos. Los diversos textos que reflejan la presencia de Tängri lo presentan como dios celestial, "elevado", "blanco y celeste", "eterno" y dotado de "fuerza". En algunas poblaciones tiene carácter de dios creador del mundo, como entre los tártaros y yakutos; en otras, la mayoría, su labor es más bien la de gran demiurgo, en consonancia con las líneas generales de las cosmogonías chamánicas. De todas formas, el actual orden cósmico, la organización del mundo y de la sociedad y el destino de los humanos quedan bajo su responsabilidad. Su culto no incluye la existencia de templos, estatuas o representaciones, pero sí una especial identificación con el soberano de la tribu, etnia o imperio que lo venere; durante su célebre discusión con el imán de Bukhara, Gengis Khan le espeta: "El universo entero es la casa de Dios. ¿A qué viene señalar un lugar especial, por ejemplo la Meca, para acudir allá?" (Eliade, 1983).

Fue precisamente la caída del Imperio mongol lo que motivó el progresivo alejamiento de Tängri del mundo de los hombres, o lo que es lo mismo, su multiplicación o sustitución por otras deidades de menor importancia, pero más cercanas al mundo. La transformación del dios celeste y soberano en un *deus otiosus,* alejado de los asuntos humanos y recluido en alguna lejana región del cosmos, es un fenómeno atestiguado prácticamente en todas las religiones. Este proceso está atestiguado en numerosos textos históricos, que ilustran el progresivo alejamiento del dios soberano de sus fieles, que precisan de entidades más cercanas y reconocibles a sus preocupaciones cotidianas. Así, entre los mongoles observamos la presencia de 99 *tengri,* la mayoría de ellos con nombres y funciones precisas, lo que supone un cierto desplazamiento de la religiosidad desde conceptos primitivos más absolutos (la creación, el funcionamiento del mundo, la muerte, etc.) a otros de mayor aplicación práctica sobre las realidades que se viven (dioses o espíritus relacionados con el trabajo artesanal, la fertilidad, la fecundidad, la agricultura, etc.) o a materias más concisas (la guerra, la riqueza, diversos actos concretos de la vida como la natalidad, el matrimonio, etcétera).

La responsabilidad sobre el funcionamiento de la vida cotidiana queda, entonces, limitada a deidades de menor entidad. A menudo son espíritus, que habitan en el mundo y cuya presencia es imperceptible para el grueso de los humanos. La naturaleza de estos espíritus cambia según los esquemas mitológicos de cada sociedad. El animismo más primitivo reconocía la presencia de espíritus —o ánimas— en cada una de las cosas tangibles y palpables de este mundo, si bien su poder y capacidad de interferencia en el mundo real varía de unos a otros. Los espíritus de los animales mantienen una vinculación más estrecha con el mundo, siendo capaces de introducirse en el cuerpo de los humanos y provocarles enfermedades; los cazadores prehistóricos temían que el alma del animal caído durante la batida penetrase en su cuerpo como venganza por haberle dado muerte. Otros, en cambio, resultan beneficiosos para el hombre, como los espíritus de las aves, que facilitan el vuelo chamánico y cuya filiación es de ascendencia celestial. Los espíritus de las plantas son, normalmente, los más valiosos aliados del hombre, por su capacidad para curar enfermedades o aliviar el dolor y, por supuesto, por la ayuda que prestan al chamán para acceder al otro mundo (a la ayahuasca, planta enteógena del Amazonas, se la conoce como *la abuelita)*. También existen espíritus de fenómenos meteorológicos, como el rayo, el trueno, el arco iris, la lluvia, etc. Su relación con el mundo suele ser más inestable que la de los espíritus de las plantas o animales, si bien son también susceptibles de escuchar, negociar y dejarse convencer por el chamán.

Pero esto no excluye la posibilidad de que existan espíritus sin vinculación alguna con la realidad terrenal. O que la relación no corresponda a ningún elemento concreto de la realidad, sino a otro concepto de mayor amplitud o sin correspondencia directa con una realidad empírica. Sucede que estos espíritus pueden ser causantes de males o desgracias de diversa índole, puesto que las asociaciones de los espíritus no siempre responden a la lógica humana, y ni mucho menos a la lógica occidental que tiende a aplicar patrones de relación claramente establecidos. Así, podemos encontrar que un mismo espíritu es causante de una enfermedad y, al mismo tiempo, de la sequía o la escasez de caza. De igual manera, los mismos males no siempre vienen dados por la acción de los mismos espíritus, sino que en cada ocasión responden a una u otra causa determinada. Las relaciones entre la acción de dichos espíritus y su representación en el mundo real no responde a ningún esquema concreto; en cada ocasión el chamán se ve obligado a buscar, mediante sus viajes extáticos, la causa del mal que debe solucionar. El enfado de los espíritus, causante mayoritario de los males a los que se enfrenta el chamán, responde también a diversas causas: la transgresión de algún tabú, el descuido del culto, la acción de diversos miembros de la comunidad que contradice los dictados sagrados, etc. De nuevo es ineficaz intentar hallar algún patrón de relaciones entre los actos de los humanos y las actitudes de los espíritus hacia ellos: el chamanismo quiere que el funcionamiento del mundo dependa enteramente de estos espíritus, que en nada se ajustan a los preceptos de la lógica humana.

Son de especial importancia en el chamanismo los espíritus guardianes —o auxiliares— del chamán. Estos son entes que mantienen una estrecha relación con el chamán y que le ayudan en el transcurso de sus viajes del alma y en la resolución de los problemas a los que se enfrenta. Su naturaleza es muy variable, si bien la relación que mantienen con el chamán suele ser de índole "sexual". Se representan como entidades del sexo opuesto al chamán, que lo cortejan e intentan conquistar durante el periodo de vocación para conseguir sus favores. Esta representación, común a la mayor parte de chamanismo, guarda una especial significación: el deseo sexual —de los espíritus— es la causa que desencadena todo el proceso por el cual se asegura la continuidad de los chamanes y el que propicia la comunicación entre ambos mundos. El joven que ha sido llamado a ser chamán normalmente se resiste a este deseo, para finalmente acabar claudicando a él, y gracias a ello obtendrá el favor de estos espíritus, que le ayudan y guían por el otro mundo. También las catástrofes y calamidades que se ciernen sobre los hombres responden en muchas ocasiones a este mismo motivo: los espíritus, descontentos con el comportamiento humano, se enfadan y lanzan sobre él toda clase de insultos, lo que no deja de esconder, también, un cierto lenguaje sexual.

Los espíritus se quejan por el escaso caso que se les hace, porque se les desobedece o no se tienen en cuenta sus deseos y voluntades, porque la mirada del hombre no se dirige a ellos. Actúan como entes caprichosos, celosos y sumamente irritables. También durante el viaje extático, la negociación del chamán con el espíritu guarda una cierta reminiscencia sensual: el chamán no implora ni pide, pero tampoco exige ni ordena. Su labor es la de seducir con sus artes, la de embelesar y conseguir del espíritu la información necesaria y, a poder ser, el aplacamiento de su enfado. Las implicaciones sexuales del chamanismo, tanto en el plano de la relación con los espíritus como en el social —a menudo los chamanes hombres son tildados de homosexuales, y las mujeres de devoradoras de hombres—, constituyen uno de los motivos más interesantes a estudiar de este complejo fenómeno. Volveremos a ellas en su debido tiempo.

De momento, volviendo a la naturaleza de los espíritus guardianes, debemos resaltar que estos son representados de muchas formas en el imaginario chamánico. Para los buriatos, por ejemplo, el espíritu elector es la hija de un maestro de la caza —reno, alce o espíritu acuático— que adoptará el papel de esposa celosa y amante del futuro chamán. Entre los koriak, también de Siberia, es el espíritu de un animal, lobo, cuervo, gaviota, etc., el que pide al chamán que sea su servidor. Para los huichol existe un solo espíritu, el del héroe cultural Kauyumanri, el ciervo divino; de la relación que mantiene cada chamán con este único espíritu devendrá su grado de poder y eficacia. La identificación de los espíritus guardianes con diversos animales está en muchos casos relacionada con la vestimenta del chamán: entre los buriatos, el "suegro" del chamán es quien inspira el disfraz de las ceremonias; entre los tunguses, el novicio verá, en el transcurso de sus primeros viajes extáticos, el espíritu que le ha elegido, o, dicho de otra manera, el animal con el cual deberá confeccionar su disfraz (Perrin, 2001).

Junto a dioses y espíritus, encontramos una gran variedad de seres que pueblan el otro mundo. Los más importantes son una categoría de entes, investidos de cualidades divinas pero más cercanos a los hombres que a los espíritus. La similitud más cercana a esta categoría la hallamos en los héroes de la mitología griega, hombres de indudable valor, de extraordinarias cualidades físicas y mentales, que gozan del favor de los dioses, pero hombres al fin y al cabo. Las mitologías de los pueblos de Oceanía, que carecen en muchas ocasiones de dioses propiamente dichos, gozan de una gran cantidad de seres que podemos englobar en esta categoría. Si seguimos un recorrido por el otro mundo, podemos encontrar también almas de difuntos que se han perdido en este mundo, incapaces de encontrar el camino a su último descanso; también aquellos que han perecido violentamente suelen quedarse en este mundo hasta que salden sus cuentas o sacien su ansia de venganza —una de las causas principales de enfermedad o desgracia en la comunidad. También encontramos potencias sobrenaturales, deidades menores, fuerzas despersonalizadas que escapan al control del chamán, y en general todo aquello que sea capaz de crear un sistema sin reglas fijas, sin un saber estipulado y con una libertad y flexibilidad creativa de la que no goza ninguna otra religión en el mundo.

3.4. El origen del hombre

Las mitologías amerindias se ocupan del origen del hombre desde una perspectiva claramente diferenciada de como lo hacen las pertenecientes a las etnias y pueblos de Siberia y Asia central. Si en estas últimas hemos observado una clara influencia dualista, en la que la importancia del hombre reside precisamente en su responsabilidad en cuanto a la existencia del mal en el mundo, responsabilidad que se centra principalmente en un acto de rebelión contra el dios creador y el orden que éste ha dispuesto en el mundo, las creaciones religiosas americanas se ocupan prioritariamente del origen y aparición del hombre en la faz de la Tierra. Tal origen a menudo se cierne al grupo o raza en cuestión y motiva el posterior descubrimiento de otras civilizaciones nuevas e interesantes mitologías que muestran la capacidad de estos pueblos de asimilar, dentro de sus propios sistemas ideológicos y religiosos, nuevos elementos en principio ajenos a su cultura.

La investigadora María Susana Cipolletti, en su ensayo "Chamanismo y viaje al reino de los muertos. Concepciones religiosas de los indios sudamericanos no andinos" (1991), clasifica los mitos en torno al origen de los hombres en tres categorías principales: vivificación de una figura antropomórficamente modelada (mito cercano a las concepciones religiosas propias de Asia y del Oriente Próximo); aparición del hombre, por voluntad de un dios, merced a la transformación de un objeto o de un animal y, por último, llegada de los hombres desde otro estrato del universo (mundo superior o celeste o mundo inferior o subterráneo). Estas tres categorías centran la creatividad religiosa en torno a la figura del hombre y su origen y, consecuentemente, delimitan su papel en la creación.

Los mitos que clasificamos dentro de la primera y segunda categoría presentan innegables similitudes con las cosmogonías asiáticas y mesopotámicas, donde el hombre es también producto de la voluntad divina y cobra existencia a partir de un acto del dios, es decir, de la modelación de alguna materia prima a la que se le otorga vida y espíritu. El ejemplo más claro y cercano de nuevo lo encontramos en la Biblia, donde el hombre es modelado a partir del barro, "a imagen y semejanza" de Dios. Entre los mosenetes de Bolivia y los yupas de Venezuela encontramos modelos idénticos, donde los hombres proceden de figuras de madera y barro a las que una divinidad dio forma humana. Un rasgo inherente a las cosmogonías americanas es el del "perfeccionamiento" de la creación: las divinidades no son ni omniscientes ni omnipotentes, con lo cual su obra precisa de remodelaciones y varias tentativas hasta alcanzar su estado actual. Así, entre los guahibos venezolanos, el dios creador, Kuwai, probó en primer lugar a modelar al hombre en barro, pero la lluvia lo diluyó; seguidamente probó con cera, pero los seres creados se fundían ante el calor; finalmente, usó la madera, tuvo éxito y su creación se rebeló como duradera hasta nuestros días. Estos procesos están directamente relacionados con la abundancia e importancia que ejercen ciertas materias primas en determinadas sociedades: para los pobladores de Mesopotamia, por ejemplo, el barro era de fundamental importancia y su civilización debe gran parte del posterior desarrollo que ha vivido al uso de este elemento; entre las tribus de la Amazonia, no es el barro, sino la madera, la materia que ha permitido el desarrollo de las civilizaciones.

La utilización de la materia prima en la creación del hombre es, a su vez, motivo de la existencia de la muerte. Analizaremos este tema en el arco correspondiente (3.6). De momento, aquí nos ceñiremos única y exclusivamente a las diferentes explicaciones sobre el origen del hombre. Es especialmente original la concepción religiosa que establece el origen de los hombres en otro estrato o región del cosmos. Las mitologías que reflejan esta creencia, pertenecientes a la tercera categoría que establece Cipolletti, no hablan, entonces, de una creación propiamente dicha, sino de una procedencia del género humano, que previamente ya existía. El énfasis de estas creaciones religiosas se halla en los motivos que provocaron el éxodo del hombre hasta la Tierra; la creación no es, nuevamente, un motivo de especial importancia.

El origen del hombre lo hallamos, pues, en las regiones del cosmos: la celestial y, más frecuentemente, la subterránea o inferior. La zona septentrional del Nuevo Continente muestra una mayor proliferación de mitos que enmarcan al mundo superior como patria del ser humano. Los waraos y los baris, ambos de Venezuela, y muchos otros grupos de la Guayana, cuentan como el hombre descendió del cielo hasta la tierra: un obstáculo de última hora (la ruptura de la liana por donde descendían, la obstrucción del agujero celeste por una mujer embarazada, etc.) es motivo de que no todos pudieran completar el viaje, de modo que la humanidad vive en realidad separada en dos sociedades o estratos distintos: la nuestra, terrestre, y la que quedó anclada en su lugar de origen, celestial. En algunas culturas del septentrión americano, este mito cobra un sentido adicional al ser considerado el mundo superior como reino de los muertos: entre los baris, o los bakairis de Brasil, el cielo es el lugar de donde proceden los hombres y también a donde van después de morir. En el mismo estrato del universo encontramos, pues, el origen y el destino final de todos los hombres, lo que constituye una actualización y revisión del mito del "eterno retorno", que tiene aquí un sentido espacial (Cipolletti, 1991).

Sin embargo, la mayor parte de las mitologías sudamericanas que abarcan este tema prefieren citar el mundo inferior como lugar de origen de los hombres. Los mundurucúes de Brasil afirman que el hombre subió hasta la superficie terrestre trepando por una soga. Otras etnias hacen intervenir alguna divinidad como responsable de la ascensión de los hombres: entre los yaruros (Venezuela), es la misma divinidad la que incita a los hombres a salir a la Tierra; entre los secoyas y los sionas, de Ecuador, los incita a buscar una fruta que es venerada como alimento de gran importancia. Al igual que en los mitos sobre el descenso del cielo, la región inferior guarda aquí una doble significación: es lugar de origen de la humanidad y, a la vez, último reposo de todos y cada uno de los hombres.

Estos mitos guardan también una gran importancia en cuanto a la realidad social de estas etnias y pueblos. Como hemos referido anteriormente, el énfasis de las mitologías sudamericanas no incide en la creación propiamente dicha, sino en la actual configuración del mundo. Así, entre los akwés-shavantes se cree que, desde el mismo momento en que los hombres arribaron a la Tierra, se dividieron en clanes, rasgo que todavía conserva su sociedad. Los desanas y los barasanas cuentan, por ejemplo, que sus ancestros descubrieron su nuevo hogar mientras navegaban por los ríos, a bordo de una gigantesca serpiente: de "proa" a "popa" se sucedían jefes, danzantes y cantantes, guerreros, chamanes y vasallos, jerarquía que todavía hoy se conserva entre ellos. Asimismo, muchas de las disputas que mantienen los diferentes clanes de una misma etnia se basan en el hipotético lugar que les fue asignado a su llegada al mundo. En todas estas sociedades los mitos siguen siendo realidades vivas, que ejercen un poder sobre los hombres y que en determinadas situaciones son causa de las actuales configuraciones sociales. Además, estas mitologías muestran una capacidad remarcable de adaptación a las nuevas realidades: a raíz del contacto con otras civilizaciones, los mitos han ido desarrollando sucesivas explicaciones sobre el origen de estas "nuevas razas" (el hombre blanco, el negro) y de los materiales que con ellos traían (el origen de los metales, de las riquezas, etcétera).

3.5. El Primer Chamán

Los orígenes de la función chamánica están también perfectamente delimitados en los márgenes de la mitología de los pueblos siberianos. Coinciden en una figura mítica, antecesor de los actuales chamanes y cuyos poderes superaban, y en mucho, a los de sus colegas contemporáneos. Se trata del Primer Chamán, que recibió sus poderes de los dioses y que posteriormente, a causa de su "maldad", los sintió drásticamente limitados. Esto viene a reflejar también lo que muchos investigadores han recogido en sus trabajos y estudios como una decadencia del arte chamánico: el chamanismo que se practica actualmente está muy lejos de ofrecer los niveles de efectividad y profundidad que en épocas anteriores. Contrariamente a esta tendencia que vive el chamanismo tradicional, y mientras se apoya también en el mito de los primeros chamanes, en las sociedades modernas y occidentales el neochamanismo trata de recuperar este saber perdido mediante la exploración de la más profunda y humana dimensión del chamanismo, lo que se ha dado en llamar *chamanismo esencial* (ver 1.6).

Sintéticamente, podemos afirmar que la mayoría de mitos que abordan esta cuestión arrojan una misma conclusión: los chamanes, al menos los primeros, fueron creados directamente por los dioses para luchar contra la muerte, la enfermedad y demás calamidades que habían introducido en el mundo los malos espíritus. Su cometido es el de luchar contra estos elementos que atenazan la existencia humana y, a la vez, mediar entre el hombre y los dioses. Son baluartes del otro mundo que recuerdan a su comunidad que no está sola frente al poder de los espíritus, que en cierta manera cuenta también con el favor de los dioses para enfrentarse a las fuerzas que rigen el universo. Los chamanes ofrecen, pues, consuelo y tranquilidad ante la angustia, incertidumbre e indefensión que experimenta el ser humano al saberse a merced de fuerzas que no conoce ni puede entender. De ahí la función del chamán no sólo de curar, sino de interceder por el hombre ante los espíritus del otro mundo y de ofrecer explicaciones sobre su funcionamiento a los miembros de su comunidad.

Según los buriatos, por ejemplo, los tengri crearon al Primer Chamán con el fin de que éste pudiera defender a la humanidad de la muerte y de la enfermedad. Con este fin enviaron a un águila, que en su descenso a la Tierra vio a una mujer dormida y mantuvo relaciones con ella: el fruto de dichas relaciones fue el Primer Chamán. Cuando este chamán creció, su orgullo y malicia le llevaron a entrar en competencia con el mismo dios, el cual redujo de una manera considerable sus poderes. Este mismo mito lo encontramos en otras etnias con alguna que otra variación: los yakutos llaman al águila con el mismo epíteto que al dios soberano, Ajy ("creador") o Ajy Tojon ("creador de luz"), y descendientes son los primeros chamanes, cuyas almas todavía desempeñan un papel esencial en la elección de los nuevos chamanes.

Obsérvese en el mito del Primer Chamán una marcada tendencia de las concepciones dualistas, procedentes de otras religiones. De nuevo la voluntad del dios soberano es la de ayudar al hombre, y de nuevo es la voluntad del hombre la que se rebela contra su creador y es castigado en consecuencia. La mitología chamánica exculpa al dios tanto de la presencia de aquellos elementos que le son contrarios como de la insuficiente capacidad del hombre para enfrentarse a ellos y eliminarlos de manera definitiva. Es el orgullo del hombre el detonante de toda la tragedia existencial a la que debe enfrentarse, rasgo éste que muestra un extraordinario parecido con la cosmogonía semítica y, en concreto, con la Génesis bíblica, en la que la soberbia lleva a pecar a los primeros hombres en busca de un conocimiento similar al del mismo Dios. En ambos casos, como hemos visto, el resultado de la rebelión es la pérdida de la humanidad del favor divino, ya sea con la disminución de los poderes del chamán o con la expulsión del Paraíso.

Entre los buriatos, la tradición explica como los primeros chamanes recibían sus poderes directamente de los espíritus celestes; actualmente el conocimiento y sabiduría chamánicos se transmiten gracias a los antepasados. Esta opinión refleja la creencia, extendida por toda Asia, de que el chamanismo se encuentra en un periodo irreversible de decadencia, de lo que es vivo ejemplo la pérdida de poder de los chamanes. Anteriormente, los chamanes volaban realmente por los cielos, a lomos de sus caballos (es decir, de sus tamboriles); tenían la facultad de asumir cualquier forma animal, desde el lobo hasta el águila, dominaban realmente los elementos, podían hablar con el mismo dios y eran capaces de realizar milagros inaccesibles para los actuales chamanes (Eliade, 1983). Diversas investigaciones contemporáneas refrendan estas creencias, y establecen que las actuales técnicas chamánicas y estados extáticos son, en realidad, meras imitaciones de las que experimentaban los chamanes antiguamente.

En sus representaciones más modernas y sincréticas, este fenómeno cuenta también con un papel de gran importancia, como ya hemos referido anteriormente. El llamado chamanismo esencial se articula y estructura en torno a esta concepción. Los chamanes actuales, que frecuentemente se limitan a una labor terapéutica, no son, ni por asomo, tan poderosos como sus antecesores. Esto se debe, principalmente, a la actitud de los propios chamanes, que han ido obviando una serie de vías de conocimiento por su escasa aplicación práctica, lo que se traduce en un empobrecimiento de la función chamánica y una progresiva limitación de sus capacidades.

3.6. La muerte. Más allá de la muerte

La muerte constituye el principal enemigo de los chamanes. Es la lucha contra la muerte en primer término —y contra la enfermedad en segundo— el *leit motiv* de la función de los chamanes y de su existencia. "[...] el chamán defiende la vida, la salud, la fecundidad, el mundo de la 'luz' contra la muerte, las enfermedades, la esterilidad, la desgracia y el mundo de las 'tinieblas'" (Eliade, 1983). Los viajes del chamán por el otro mundo son, en parte, motivados por la pérdida o extravío del alma del enfermo y, dependiendo del tiempo que ella permanezca fuera del cuerpo, podrá el chamán recuperarla y curar la enfermedad; si la enfermedad no se ha localizado a tiempo, es decir, si la partida del alma es prolongada, la muerte es inevitable. En ese caso, la labor del chamán será la de acompañarla a su lugar de descanso una vez haya muerto. Pero no es la función y los mecanismos del chamán en torno a la muerte lo que a nosotros nos interesa. Aquí nos centraremos única y exclusivamente en las explicaciones que sobre este inevitable fenómeno de la naturaleza arroja la mitología chamánica.

Si se recuperan los mitos sobre el origen del hombre, debemos notar que en ciertas culturas amerindias están íntimamente ligados con la muerte. Ya hemos visto como, en ciertas mitologías, el lugar de procedencia de la humanidad es aquel a donde debe dirigirse en su último viaje: el carácter cíclico de la vida es aquí inevitable, y muestra nuevamente paralelismos con otras concepciones religiosas de carácter occidental. "Tierra eres, y en tierra te convertirás", reza la Biblia, en alusión al origen del hombre, modelado en barro de la tierra, y a su final, en el que nuevamente vuelve al elemento del que procede. En diversas mitologías chamánicas el ciclo se repite de la misma manera, y las almas de los difuntos reposan en el mismo lugar del que salieron (no ellas, pero sí sus ancestros). Estas concepciones cíclicas a menudo se prolongan hasta nuevos límites, por lo que estas almas vuelven a su existencia terrenal en forma de lluvia, de vegetación, de fenómenos meteorológicos, etc., y establecen así un continuo e incesante ir y venir de energías que animan el mundo y que influyen en la existencia cotidiana de los vivos.

En las mitologías chamánicas, la muerte suele tener un carácter accidental. No forma parte del orden de la creación, sino que es introducida posteriormente por algún suceso determinado. La causa de su existencia suele ser un comportamiento "culpable" del ser humano, que es así castigado por la voluntad divina. Encontramos nuevamente las concepciones dualistas que tanta influencia han ejercido en el chamanismo: de nuevo es el hombre el principal responsable de su desgracia, y de nuevo esa responsabilidad viene dada por un acto de rebelión, de orgullo, de falta de humildad. Es la incapacidad del hombre de asumir su papel concreto en la creación la que motiva todos sus males, entre ellos, principalmente, la muerte. Morir, sin embargo, no equivale a una desaparición brusca de la personalidad —o alma—, sino a una transformación gradual en otra entidad, que volverá al mundo ya convertida en otro ente totalmente diferente al que una vez fue. La concepción cíclica de la existencia es, una vez más, palpable.

Nos hemos referido anteriormente a los mitos que esclarecen el origen del hombre como una creación a partir de una materia prima ya existente, normalmente barro o madera. Este hecho en numerosas mitologías es causa de la mortalidad humana. Los campas, de Perú, establecen que los hombres deben morir por haber sido creados, por estar hechos de barro, material perecedero. Los chocos, de Colombia, aseguran que en tiempos primordiales el hombre era inmortal por estar tallado en madera; sucedió entonces que el dios, mientras tallaba la madera, se cortó la mano y de ahí en adelante los formó de arcilla, causa por la que se volvieron mortales. La muerte es una necesidad anclada en los albores de la existencia. En otras mitologías es incluso una decisión del dios creador, que ya creó al hombre mortal, como entre los nativos de la Tierra de Fuego. Sin embargo, y a pesar de que se trata de un fenómeno irremediable y que en cierta manera garantiza el continuo funcionamiento de la existencia, la muerte sigue siendo, tanto para los pueblos de práctica chamánica como para otras muchas culturas, el principal enemigo de la vida, su antítesis y por ende, su principal fuente de terror y de lucha para evitarla.

La escatología que presenta la mitología chamánica es, quizá, el elemento más interesante de todos cuantos están relacionados con la muerte. Ya hemos observado anteriormente la división tripartita del cosmos que establecen las mitologías chamánicas. En la mayoría de ocasiones la región subterránea ejerce el papel de morada última de los difuntos, si bien sabemos que en algunos pueblos esta morada se halla en la región superior e incluso, aunque más raramente, en el mismo nivel que los vivos, concretamente en lugares ya abandonados por estos —como entre los ges del Brasil. El viaje al otro mundo puede ser corto y fácil para algunas culturas, y largo y difícil para otras. El tránsito de una región —o estado— a otra es uno de los motivos principales de la mitología chamánica, por lo que es, en muchas ocasiones, necesaria la guía del chamán para asegurar que las almas lleguen a su último destino. Las almas de los difuntos deben atravesar ciertas regiones y pasar pruebas de carácter iniciático para merecer el último descanso; si no lo hacen, pueden quedarse en la Tierra, lo que suele ser causa de desgracias para los vivos; una de las pruebas más frecuentes es la de atravesar el río que separa el mundo de los vivos del de los muertos, metáfora que está atestiguada en muchas otras mitologías y religiones del mundo.

Al no ser la muerte una ruptura o desaparición absoluta de la energía que anima a los hombres, el contacto con las almas de los difuntos está claramente atestiguado en las prácticas chamánicas. Además de las ya nombradas almas que se extravían y permanecen en el reino de los vivos, hemos tenido ocasión de observar anteriormente como en muchos de los pueblos que practican el chamanismo son los ancestros muertos quienes se ocupan de elegir a los nuevos chamanes, de ejercer de espíritus auxiliares o de proveer a los chamanes de poder y sabiduría. Asimismo, es posible también para los vivos el conocer el mundo de los muertos; los chamanes suelen hacerlo ya desde los procesos iniciáticos y como parte de su profesión, pero existen además muchos relatos que versan sobre visitas de hombres vivos al reino de los muertos, por ejemplo en busca de la esposa difunta. Estos relatos son de una particular importancia en cuanto que ilustran la existencia después de la muerte, y normalmente vienen a confirmar las creencias y tradiciones de cada pueblo. Lo más significativo es que la frontera entre ambos mundos, a pesar de estar perfectamente delimitada, se muestra mucho más difusa e irreal gracias a estos relatos y a las explicaciones que el chamán da de sus viajes por la región de los muertos.

La estructura de dichas regiones varía según las creencias concretas de cada grupo. En algunas ocasiones es un mero reflejo de la terrenal, donde incluso se prolongan las relaciones y funciones sociales de cada clan, grupo e incluso persona. Esta continuidad es un rasgo característico de las concepciones religiosas amerindias. De igual manera, se establece también un lugar o descanso concreto y diferenciado del resto según la ocupación y rango que tuviera el difunto en vida. Los chamanes, por ejemplo, suelen tener un lugar especial donde reposar en virtud a las especiales relaciones con el otro mundo que profesaron en vida, y en muchas ocasiones se les permite un inmediato regreso a la Tierra en forma de animal o mediante la reencarnación. El chamán bororo, por ejemplo, se convierte en espíritu maléfico a su muerte, y su misión es la de atormentar la tierra con nuevas calamidades y desastres; entre los guajiro, si un chamán conseguía controlar mediante ritos a la lluvia, volvería al mundo poco después convertido en ella (Perrin, 2001).

En general, podemos afirmar que los mitos concernientes a la muerte en las mitologías chamánicas presentan varios puntos comunes en todas sus manifestaciones. Por una parre, la creencia en el alma como una realidad innegable que sigue existiendo aun después de la muerte física; esa alma, según a quién pertenezca, desaparecerá gradualmente o será objeto de una transformación en otro ente o representación en el mundo terrenal; por último, existe un lugar donde todas estas almas llegan para culminar el ciclo de su existencia. Las representaciones del viaje último del alma, de los procesos de desaparición o transformación de dicha alma y, sobre todo, del lugar donde habita después de muerto el cuerpo físico sí que varían sustancialmente según el pueblo o grupo étnico que estemos tratando. Cabe tener en cuenta que las sociedades chamánicas no constan de un saber estipulado y fijado en unas escrituras, y se basan principalmente en la transmisión oral de los mitos y en los relatos que el chamán construye a partir de sus viajes extáticos, con lo que no se pueden delimitar unas creencias concretas y precisas: al contrario, y muy especialmente en los pueblos de Sudamérica, las representaciones del mundo son variables y muestran una acusada tendencia a asimilar nuevos hechos y realidades que consiguen enmarcar dentro de sus sistemas ideológicos sin que ello suponga una ruptura con lo que anteriormente se creía. Con ello queremos decir que todo lo expuesto anteriormente, y no sólo lo relacionado con la muerte, sino con todo el ciclo de la vida, es susceptible de enriquecerse con nuevos elementos, así como de ir desechando aquellos que ya no sean útiles para la vida cotidiana de los hombres.

4. Simbología chamánica

4.1. Significación de la simbología chamánica

El símbolo se halla presente en todas las esferas de la realidad. En las ciencias exactas: matemáticas, física, química, lógica, lingüística. En la vida íntima y personal, donde la psicología investiga las densas relaciones que se forjan en el entramado del subconsciente. Finalmente, en la vida social y cultural y, sobre todo, en la etnología, es decir, en el sistema de base de toda sociedad primitiva. En el estudio de las religiones, "excepcionales son los fenómenos que no implican un cierto simbolismo" (Eliade); este simbolismo se halla presente en la tripartición de las clases sociales del mundo indoeuropeo que estudiara Dumézil, o en la relación entre colonizador y colonizado en el mundo romano, según Piganiol, o, cómo no, en las narraciones de los chamanes que versan sobre el otro mundo. El simbolismo constituye uno de los rasgos distintivos de las primeras edades de la humanidad, en cuanto a herramienta para representar ciertas partes de la realidad que no se pueden expresar mediante silogismos o relaciones objetivas entre el concepto que se pretende representar y la propia representación de este concepto en el mundo real.

Etimológicamente, los términos *symbolom, o symballo* se refieren a la costumbre de considerar las partes de un objeto quebrado como un signo de reconocimiento que se da al reunir nuevamente los trozos de forma que estos puedan encajar los unos con los otros. De la misma manera, "las cosas no son nunca un velo arbitrario de la significación que ellas cubren (ello sería una simple alegoría, es decir, la expresión indirecta de una realidad espiritual bajo el velo de sus emblemas espirituales): las cosas forman realmente parte por lo menos de lo que ellas significan o, mejor dicho, no se convierten en completas más que cuando su significación está completa" (Claudel, *Sobre Dante)*. Dicho de otra forma, el símbolo es una realidad sensible que se toma como representación de otra, en virtud de una convención o por alguna semejanza o correspondencia que el entendimiento percibe entre ambas. En lo que a nosotros nos concierne, el símbolo es representativo de conceptos religiosos o sagrados que no pueden ser expresados por el lenguaje de una manera directa y entendible.

Las religiones y mitologías, a lo largo de su historia, han mostrado una tendencia a la utilización de estos medios simbólicos. Todo rito intenta provocar, mediante gestos y palabras, el ambiente espiritual correspondiente. Todo mito evoca realidades trascendentales mediante el uso de diversas representaciones que son entendibles por aquellos que lo escuchan y creen; así, todo en el mundo es susceptible de ser portador de una significación complementaria a la de sus apariencias: el Sol y los astros, la Luna y las aguas, la Tierra y sus piedras, la vegetación y la agricultura, el espacio y el tiempo, el hombre y la mujer... Sin embargo, y atendiendo al análisis estructuralista del antropólogo Lévi-Strauss, debemos evitar el estudio comparativo de elementos comunes a distintas mitologías así como la identificación de estos elementos como significativos de una misma realidad atemporal que se expresa en diferentes culturas con el mismo "disfraz"; al contrario, cada elemento deberá ser estudiado en su concreto contexto cultural, ya que su simbología es el resultado directo del lugar que ocupa en la estructura de la mitología en cuestión.

La mitología chamánica es pródiga en el uso de símbolos. No puede ser de otra manera, puesto que los relatos del chamán, íntimamente ligados a las convicciones mitológicas de cada cultura, intentan narrar realidades que ni siquiera se hallan en nuestra percepción más inmediata del mundo. Se refieren mayoritariamente a los viajes extáticos del chamán y a la constitución del mundo de los espíritus, realidades ambas que trascienden las categorías del empirismo clásico y que precisarían de un lenguaje que todavía no se ha inventado.

Como el poeta, el chamán debe trazar relaciones entre objetos de este mundo y conceptos del otro, y debe hacerlo de manera que el mensaje esencial que quiere dar sea entendible. En términos simbólicos, los relatos del chamán se hallan enmarcados en la dimensión artística humana, por cuanto intentan expresar realidades que trascienden la representación sensible y palpable que percibe el hombre.

El chamanismo es un fenómeno propio de civilizaciones cazadoras-recolectoras y, en menor medida, de sociedades que se dedican al pastoreo, a la agricultura y a la ganadería. El medio en el que se desenvuelven dichas sociedades es la cantera de la cual extraen los chamanes los símbolos necesarios para constituir sus relatos. En un primer momento, estos símbolos se asocian mayoritariamente a los animales; posteriormente las plantas y vegetales tendrían también un especial protagonismo, si bien siempre por debajo de los animales. Podríamos afirmar que el chamanismo no ha logrado desentenderse todavía de su condición de fenómeno asociado, principalmente, a la caza y al particular imaginario del cazador. De ahí la importancia que tienen, dentro de su estructura, elementos tales como el caballo, el perro o la serpiente, todos ellos animales próximos a la cotidianidad del hombre primitivo y que son susceptibles de evocar ciertos comportamientos e ideas no presentes en el mundo real.

Asimismo, la representación del cosmos que se da en las mitologías chamánicas es también motivo de buena parte del simbolismo que se da en estas sociedades. Ya hemos visto con anterioridad como el mundo se divide en tres regiones, de las cuales el hombre ocupa la del medio. Esta representación del mundo, que no es exclusiva del chamanismo y que encontramos en prácticamente todas las concepciones religiosas del mundo, es indicadora de la tendencia hacia lo celeste que experimenta el ser humano; parece ser éste un rasgo relacionado a la condición humana, que establece relaciones simbólicas entre el cielo (elevado) y su propia condición (susceptible de elevarse por encima de las miserias cotidianas). De este entendimiento vertical del cosmos se deriva también una especial importancia de las aves, representantes por excelencia del mundo celeste y motivo simbólico de la aspiración del hombre a trascender su condición meramente humana, algo que los chamanes consiguen en virtud a sus especiales capacidades. Son estos algunos de los simbolismos que encontramos en el chamanismo y que ocupan un lugar preeminente dentro de su simbología. Nuevamente hallamos muchas dificultades a la hora de hacer valoraciones generales en cuanto a estos símbolos, debido a la especial variedad y diversidad del fenómeno chamánico. De todas maneras, es de especial importancia el acercarnos a estas representaciones para obtener así un mayor entendimiento de la lógica interna del chamanismo. Podremos así acercarnos con mayor precisión a la auténtica significación de las visiones y relatos de los chamanes, que constituyen por sí mismos descripciones de la realidad que trascienden a las meramente basadas en la experiencia.

4.2. El *axis mundi*

A lo largo del presente estudio sobre chamanismo hemos tenido la oportunidad de referirnos en varias ocasiones al concepto del *axis mundi o* eje del mundo, concepto de particular importancia en la lógica interna chamánica. El eje del mundo da unidad a los tres estratos de la realidad, las tres regiones fundamentales del cosmos chamánico. Su representación más típica es la del Árbol Cósmico, si bien lo encontramos también simbolizado por el río, la columna, la soga, la escalera y, en determinadas ocasiones, por la serpiente. Su presencia en la religiosidad humana se supone muy antigua, incluso anterior al descubrimiento de la agricultura (precisamente por haberse encontrado en ciertas culturas árticas donde se practica el chamanismo), si bien las primeras atestiguaciones de este fenómeno las encontramos en el periodo mesolítico. Su simbolismo está asociado a la periódica regeneración cósmica del mundo: el Árbol Cósmico hunde sus raíces en el infierno y con sus ramas toca el cielo; se trata de un eje que une las tres regiones cósmicas y a la vez procura los tres estratos del ciclo de la vida: muerte, vida y renacimiento.

En la mitología chamánica, la importancia del eje del mundo es fundamental. Son innumerables los mitos en los que aparece. En su representación más habitual, la del Árbol Cósmico, lo encontramos presente en las creencias de numerosos pueblos. Entre los asiáticos, el árbol se eleva en el mismo centro de la Tierra, con lo que su simbolismo de eje del mundo se acentúa. Entre los mongoles y los buriatos se cree que los dioses, los *tengri,* se alimentan de los frutos de este árbol, mediante los que obtienen su divinidad y poder. Otras poblaciones altaicas creen que las almas de los niños, antes de nacer, reposan en forma de pájaro en las ramas de este árbol. Juega también un importante papel en la iniciación de los chamanes, que deben trepar por el árbol para realizar los ascensos a la región celeste como parte de su entrenamiento; se supone también que el tambor con el que logran introducirse en los estados de éxtasis está hecho con madera de este árbol.

Entre numerosas etnias de América del Sur está suficientemente atestiguada la presencia del *axis mundi.* En ocasiones se trata de un recuerdo de las épocas pasadas, con lo cual se relaciona directamente con los mitos referentes al Primer Chamán (v. 3.5). Varios pueblos del Chaco (Paraguay) creían que antiguamente se podía trepar por este árbol hasta el mundo superior, donde se entregaban a ricas cacerías en la región de la Luna. Los makás creen que el árbol fue derribado por la misma Luna, celosa de su posesión. Los matacos, en cambio, aseguran que fue un anciano quien lo derribó, ofendido por la escasa ración de carne que le habían asignado los cazadores. Entre los pueblos ges de Brasil se cree que fue el tapir, a fuerza de roer la columna que separaba cielo y tierra y los mantenía paralelos, quien provocó el estado actual del mundo: al caer la columna, el cielo se desmoronó por ambos lados y dio así origen al firmamento (Cipolletti, 1991). En todos estos casos, el mito viene a refrendar la creencia de una época pasada en la que la comunicación entre el mundo superior y el terrestre era un hecho real y accesible a la humanidad; el recuerdo de este árbol caído, que puede identificarse como nostalgia de una época pasada, de un paraíso perdido en el que el hombre gozaba del favor de los dioses, se encuentra en perfecta sintonía con los mitos cosmogónicos referentes al Primer Chamán, igualmente representativos de un pasado glorioso, perdido ya para siempre.

En otras culturas, el Árbol Cósmico sigue siendo una realidad bien presente en el universo chamánico. La misma constitución de las yurtas, viviendas típicas de los pueblos siberianos, así lo constata: el mástil que la sostiene se yergue en el centro mismo y ejerce su papel de eje; en la parte superior, el agujero para que salga el humo simula un ojo, una puerta por la que los dioses pueden asomarse al mundo; también las pequeñas incisiones de la tela, para que entre la luz, simbolizan las astros celestes. Es, en definitiva, una *imago mundi,* imagen y representación del mundo, en la que la tienda simboliza el cielo, sostenido por el poste o eje central, con una abertura que suelen denominar como "Agujero del cielo", "Ventana del cielo" o, entre los riberanos, "Puerta del cielo", lo que refrenda su carácter de comu-

nicador entre el mundo celeste y el terrenal. El simbolismo de las viviendas norasiáticas se acentúa en algunas ocasiones con la distribución del espacio en zonas
reservadas a cada uno de los sexos o en virtud de las actividades que se realicen en dicho espacio, siempre
ordenado en torno al poste central. Esta representación
del mundo la hallamos en innumerables culturas, entre
ellas la occidental: también el esquema de las viejas
ciudades europeas, constituidas en forma radial alrededor de un templo o fortín que ejerce como eje del
mundo, comunicador entre el poder celestial y el terrenal, constituye una escenificación de dicha concepción
religiosa.

Entre los pueblos asiáticos, el concepto de *axis mundi* guarda una especial relación con la condición chamánica, ya sea por la especial visión del mundo que
poseen los chamanes, ya sea por su carácter de elemento que une las diferentes regiones del universo, regiones a las que el chamán asciende y desciende en
virtud a su poder y sabiduría. Entre los buriatos, por
ejemplo, el árbol juega un importante papel en las ceremonias de iniciación y presentación de los nuevos
chamanes. En la yurta se fija un abedul fuerte, con las
raíces en el hogar y la copa que sale por el agujero del
humo. El aprendiz debe trepar por el abedul, salir al
exterior por el mismo agujero que el tronco, y llegar
hasta la cima; una vez allí, debe gritar vivamente para
invocar el favor de los dioses. Luego, todos se alejan en
procesión hasta un lugar de la aldea donde se han plan-

tado el día anterior un gran número de abedules con
vistas a esta ceremonia; cerca de uno de ellos se sacrifi-
ca un macho cabrío y el aprendiz es ungido con la sangre
en la cabeza, los ojos y los oídos, mientras los chamanes ya consagrados tocan sus tamboriles. De nuevo, se
suceden las ascensiones a los abedules: el maestro chamán sube hasta lo más alto y practica incisiones en el
tronco; el aprendiz le sigue, y es a su vez seguido por
el resto de chamanes; mientras ascienden, todos ellos
entran en estado de éxtasis, o lo simulan. El candidato
debe subir a nueve abedules ya que simbolizan los nueve cielos de la existencia (Eliade, 1983).

Las ascensiones rituales se hallan atestiguadas también en otras poblaciones de carácter chamánico. Entre los Pomo, de América del Norte, la ceremonia de
entrada en las sociedades secretas dura cuatro días, y
uno de ellos está reservado a la ascensión de un árbol
poste de ocho a diez metros de largo y de unos quince
centímetros de diámetro. El sacrificador védico sube
también al poste ritual para llegar al cielo y a los dioses;
en Sarawak, la iniciación al tercer y más alto grado de
sabiduría chamánica va también acompañado de un
ritual similar, en el que el aspirante debe subir por una
escalera apoyada en el canto de un cántaro y bajar por
otra, situada enfrente de la misma manera; en Maleku-
la existen también ceremonias de un carácter análogo,
donde la ascensión a una plataforma constituye el motivo principal. En todas ellas el carácter simbólico es
claro y diáfano: el novicio chamán debe ascender al

cielo y después bajar nuevamente a la Tierra. Esto mismo lo hará muchas veces más, ya convertido en maestro, si bien no en el plano físico de la existencia, sino en el espiritual: ya no es su cuerpo, sino su alma la que asciende y desciende a las distintas regiones del cosmos a través del eje del mundo. Este mismo proceso lo encontramos en numerosas culturas, siendo el árbol substituido por una columna, una cuerda, una soga, una escalera e incluso, en ocasiones, por una serpiente —que a veces es bicéfala o se halla entrelazada con otra.

De nuevo observamos que, paralelamente al concepto de *axis mundi,* se halla la especial naturaleza del chamán. El eje del mundo no es visible para el grueso de la humanidad, pero sí para los chamanes, en virtud a su capacidad de comunicar todos los estratos de la realidad, todos los mundos que componen la realidad. Esto se ratifica en un sinfín de creencias y mitos en los que el chamán está íntimamente relacionado con el Árbol Cósmico (o con cualquier otra representación de este concepto). Los chamanes tobas, de Argentina, trepan en sueños por un árbol negro para llegar al mundo celeste. El chamán húngaro salta a un sauce y se sienta sobre ramas tan finas que un simple pájaro las quebraría al posarse sobre ellas. Entre los aborígenes australianos se asegura que los chamanes poseen una cuerda mágica que les permite trepar a las copas de los árboles, pasar de árbol en árbol y finalmente, al oscurecer, bajar nuevamente a la Tierra (Eliade, 1951). Todo ello viene a representar, una vez más, la especial naturaleza de los chamanes. Mientras que al resto de la humanidad se nos ha vetado el acceso a la comunicación con las divinidades, a ellos se les permite hacerlo cuantas veces quieran. El chamán es capaz de "ver" ese eje del mundo, y de él se sirve para acceder a las distintas regiones del universo.

Mostrando ciertas similitudes con el concepto del *axis mundi* hallamos también otra representación de esta capacidad de los chamanes para acceder a planos de la realidad ocultos para la mayoría de los hombres. El mito de la "montaña mágica", si bien pierde cierta fuerza visual en comparación con el del árbol, la columna o la cuerda, ejerce una misma función en el contexto chamánico. La montaña, por su condición de mole terrestre que se acerca al cielo, que incluso lo llega a tocar, guarda unas especiales reminiscencias cósmicas y sirve también como acceso al mundo celeste y a las divinidades. Entre los yakutos, el proceso de iniciación de los nuevos chamanes está ligado a la montaña, que ejerce el papel que anteriormente hemos visto en el árbol: el maestro toma consigo el alma del aprendiz y, en el transcurso de un largo viaje extático, comienza a subir una montaña. Desde la cima, el alma del aspirante podrá ver distintos caminos y senderos que llevan hacia las crestas y collados del monte, donde residen las enfermedades contra las que deberá luchar en un futuro. Luego le lleva a una casa, donde se revisten de las vestiduras chamánicas y el maestro le enseña a reconocer y curar esas enfermedades. Una vez el alumno ya ha asimilado este conocimiento, nuevamente a través de los caminos que surcan la montaña llegarán hasta el mundo celestial, donde el principiante recibirá la "bendición" de los espíritus que allí habitan. El proceso muestra la misma estructura que los estudiados anteriormente: la ascensión celeste y el posterior descenso, capacidad única de los chamanes y que en adelante deberán repetir en multitud de ocasiones. Únicamente se substituye el árbol por la montaña como medio de llegar hasta las divinidades celestes. Por ello, y aunque en el caso de la montaña su papel como eje del mundo no sea tan claro como en los anteriores, sí debemos constatar que su valor simbólico es exactamente el mismo. El mito de la montaña mágica se halla extensamente difundido entre algunas poblaciones del Asia septentrional, China y Mongolia, amén de en las civilizaciones de origen semítico, como las mesopotámicas y egipcias. De relativa importancia y relación con este tema es también el carácter mágico que la tradición —y sus habitantes— confieren a los montes Altai, en la frontera entre Rusia y Kazajistán.

4.3. El pájaro

El mundo de las aves guarda una especial importancia en la simbología chamánica. Hemos tenido ocasión de comprobar, en repetidas ocasiones, las distintas alusiones que se hacen en la mitología de estas sociedades a las aves: las almas de los niños tienen forma de aves posadas en el Árbol Cósmico, los espíritus guardianes son simbolizados en repetidas ocasiones como aves, en muchas cosmogonías está atestiguada la presencia de las aves como uno de los elementos que toman parte en la creación del mundo; por otra parte, la vestimenta de los chamanes se inspira en muchas ocasiones en algunos pájaros, de naturaleza acuática a veces, terrenal otras: en los vestidos que utilizan para las ceremonias aparecen dibujadas o representadas, mientras que las plumas son parte fundamental tanto del disfraz, como de la máscara y del propio ritual. Examinaremos a continuación la especial simbología y conexión con la labor chamánica de estos animales, que por sus especiales cualidades se hallan relacionadas con la singular concepción del mundo que guardan estas sociedades.

Podemos establecer, *a priori,* dos razones fundamentales por las que el ave está estrechamente ligada a la función chamánica. Primera, por la especial representación del éxtasis de los chamanes, que se simboliza mediante el "vuelo" del alma por el mundo, lo que nos remite inmediatamente al vuelo del pájaro. Segunda, por la naturaleza "celeste" de estos animales, que viven y provienen del cielo, por lo que la identificación con las divinidades y espíritus que pueblan el mundo superior es también directa y sumamente eficaz. En efecto, tanto el chamán como muchos de sus espíritus guardianes se representan en multitud de ocasiones como pájaros. Las capacidades especiales que sólo posee el

chamán se identifican a la capacidad de volar del pájaro —casi única— en el reino animal. Su acceso al mundo
celeste, donde se encuentra con espíritus y divinidades
inaccesibles al resto de la humanidad, es asimismo propio de las aves, que también tienen acceso a una realidad prohibida y, a la vez, eternamente anhelada, para
el hombre.

En efecto, los chamanes son capaces de "volar". Son
innumerables las tradiciones chamánicas que afirman
que en los tiempos primordiales todos los hombres
eran capaces de volar. Encontramos aquí, de nuevo, reminiscencias con los mitos referentes al Primer Chamán y al Árbol Cósmico, ya que se incide otra vez en el
paraíso perdido de la humanidad, en la especial unión
que al principio de los tiempos tenía el hombre con las
divinidades. No vamos a profundizar en la posible significación dualista de la pérdida de esta capacidad; como
en los casos anteriores, el capricho o enfado de alguna
divinidad, en la mayoría de ocasiones motivado por un
acto de rebelión o de orgullo del hombre, es la causa de
que el hombre ya no pueda ascender hasta el cielo ni
relacionarse con las potencias espirituales que rigen su
destino. El ejemplo es igualmente válido para otras culturas más próximas a la mentalidad e historia del hombre occidental: recuérdese el mito griego de Icaro, que
quiso acercarse tanto al sol que sus alas acabaron derri-
tiéndose. En la mitología de los pueblos de Asia, América y Oceanía encontramos numerosos mitos análogos,
todos ellos referentes a la decadencia de la humanidad

y a la pérdida de su divinidad, representada por esta carencia de la capacidad de vuelo.

Asimismo, es de igual importancia la identificación del alma con el ave. Este fenómeno despierta mayor interés y es necesario un estudio de relativa profundidad para enmarcar correctamente el simbolismo del ave inherente al chamanismo y también a muchas otras concepciones religiosas. Hemos advertido con anterioridad como ya en el paleolítico el arte rupestre deja constancia de una posible identificación del alma con las aves. En monumentos prehistóricos de Asia y Europa se encuentran representaciones del Árbol Cósmico con dos aves en sus ramas, lo que parece representar las almas de los antepasados míticos. A lo largo de la historia de las religiones este fenómeno se repite con inusitada frecuencia: en las religiones de Oriente Próximo lo encontramos en repetidas ocasiones. El *Libro de los Muertos* egipcio describe el alma del hombre como un halcón que se echa a volar. En Mesopotamia se representa a los muertos con apariencia de pájaros. En las mitologías de Asia Central, Siberia e Indonesia las almas de los hombres se representan mediante aves posadas en el Árbol Cósmico. La identificación del alma del hombre con el ave es un fenómeno transhistórico, transcultural y presente en la imaginería de un sinfín de culturas a lo largo y ancho del globo terrestre y de la historia de la humanidad.

De igual manera, la capacidad de vuelo por sí misma es también un fenómeno que atrae la imaginación del hombre de una manera subyugante. Recordemos, por ejemplo, la tradición cristiana y las repetidas imágenes de brujas y magos que vuelan en la oscuridad de la noche. En las tradiciones orientales encontramos ejemplos análogos, el más conocido de ellos es el de la alfombra mágica. De igual manera, la levitación de santos, ascetas y místicos ha fascinado también a la humanidad y su veracidad sigue todavía siendo objeto de innumerables controversias. Por no citar, en el terreno de la ciencia y la tecnología, los constantes esfuerzos que se realizan en este sentido. De nuevo encontramos que las diferentes culturas y pueblos que conforman la humanidad comparten un mismo sueño y obsesión, el de poder volar. Algo que las aves realizan siempre que quieren, con extrema facilidad y para lo que están especialmente dotadas por la naturaleza.

Por tanto, el anhelo de volar parece ser un aspecto esencial en la mentalidad del hombre, tanto en nuestra civilización como en aquellas que profesan prácticas y creencias de tipo chamánico. El asunto reviste de una gran importancia, puesto que es en este anhelo e imposibilidad de los hombres comunes donde se ratifica, nuevamente, la condición especial del chamán. El chamán sí que puede volar, y hacerlo, además, cuando y como quiere, al igual que los pájaros. El vuelo de los chamanes equivale a la ya estudiada ascensión por el Árbol Cósmico a niveles superiores de la realidad. De nuevo nos encontramos ante un saber restringido a unos pocos, un saber que en la antigüedad fue patrimonio de toda la humanidad, pero que actualmente no. Esta especial capacidad de los chamanes, que continúan gozando de cierto favor de los dioses, les identifica plenamente con los pájaros, también especiales por ser los únicos representantes del reino animal capaces de elevarse hasta las alturas celestiales.

El vuelo de los chamanes es, sin embargo, de carácter espiritual, no físico. Revisando los mitos sobre el Primer Chamán encontramos que éste sí podía volar realmente. Revisando igualmente los mitos referentes al Árbol Cósmico encontramos que los hombres sí podían trepar hasta las regiones celestes en este plano de la realidad, es decir, físicamente. Estas capacidades ahora se ven restringidas a un plano espiritual. Ya no es el cuerpo, sino el alma la que tiene la capacidad de realizar dichas proezas y de acceder a realidades en teoría inaccesibles. El alma se identifica aquí plenamente con el ave. Es el alma la que vuela, no el cuerpo. Esto nos lleva inevitablemente al análisis de las creencias, también atestiguadas en un sinfín de culturas a lo largo de toda la historia, de una plena autonomía del alma con respecto al cuerpo, y de una mayor durabilidad —es eterna— y capacidad —tiene poderes prácticamente superiores— de la primera con respecto al segundo. En resumen, los mitos alrededor del vuelo del alma o que identifican a ésta con los pájaros vienen a ratificar la creencia de que, en un supuesto balance sobre todos los planos que componen la realidad, el espiritual mantiene una mayor importancia que el físico.

En numerosas culturas, el ave ejerce también un papel de *psico-pompo,* es decir, de conductor de las almas de los muertos a su último reposo. El chamán, de igual manera, es en numerosas ocasiones responsable de esta misma labor. De nuevo cobra una especial significación la capacidad de vuelo, del ave, del alma del chamán y, en esta ocasión, del alma del difunto. Vuelan hasta las regiones de los muertos, y este vuelo sólo se puede realizar, en el caso del ser humano, en un plano espiritual. El chamán después volverá a su cuerpo. El chamán ya está muerto; murió en el proceso iniciático, devorado por los espíritus y fuerzas sobrenaturales que le pretendían, para luego renacer en un nuevo estado. Cada vez que emprende un viaje extático, un vuelo del alma, el chamán vuelve a morir; sin embargo, domina esta técnica y es capaz de volver del reino de los muertos, nuevamente renacido y con más saber y poder. Para el resto de los humanos, este vuelo del alma se da una sola vez, al igual que morimos una sola vez.

El vuelo mágico, pues, responde a varias manifestaciones de la imaginación humana. Principalmente viene a representar la total autonomía del alma, que existe separada como una realidad no necesariamente vinculada al cuerpo; de hecho, la relación entre alma y cuerpo no deja de ser un hecho accidental y cuya trascendencia es insignificante, porque el cuerpo tiene una vida perecedera en el tiempo —además de corta— y el alma es inmortal. Por otra parte, y especialmente importante en el contexto chamánico, el vuelo está íntimamente ligado con los estados de éxtasis: únicamente durante estos estados es capaz el alma de abandonar el cuerpo; el chamán, al dominar estos estados, es capaz de hacer volar su alma cuantas veces quiera. Y por último, la relación intrínseca entre el abandono del cuerpo por parte del alma y la muerte de éste, única forma posible de realizar este vuelo para la mayoría de los hombres.

Estos tres puntos los hallamos presentes en prácticamente todas las concepciones religiosas del mundo. Sin embargo, en el chamanismo alcanzan unos niveles de perfeccionamiento técnico que no encontramos en otras creencias o técnicas religiosas de una manera tan general. Los ascetas orientales, los místicos cristianos y musulmanes, figuras todas ellas análogas al chamán, mantiene capacidades similares en cuanto a la inmersión en estados de éxtasis, pero debemos recordar que son figuras que surgen espontáneamente dentro de su contexto cultural; no son necesarias para la vida de la comunidad, e incluso en numerosas ocasiones son motivo de recelo y desconfianza. Sin embargo, el chamanismo, como sistema religioso, precisa de estos individuos y de su capacidad de dotar al alma de un poder e independencia para estructurarse. Lo que en el resto de concepciones religiosas es un hecho aislado, en el chamanismo constituye el eje central de las creencias e incluso de la organización social y religiosa. De ahí que el elemento de la realidad sensible más cercano —simbólicamente—

a esta capacidad, el ave, goce de tan alta reputación y estima entre estas sociedades.

4.4. El caballo

Parecido lugar al de las aves ocupa el caballo en la simbología chamánica, si bien su naturaleza es matizadamente distinta. El ave se asocia al chamán por su capacidad de vuelo. El caballo, sin embargo, guarda una significación distinta: es el animal funerario por excelencia, aquel que permite al chamán acceder a los estados extáticos y así acompañar, cabalgando sobre él, a las almas de los difuntos a su última morada. No encontramos en el simbolismo del caballo alusiones a paraísos perdidos, a capacidades que antaño pertenecieron a toda la humanidad y en la actualidad se hallan restringidas a unos pocos, a decadencia o a pérdida del favor divino por parte del hombre. Es, quizá, el elemento más puramente simbólico que aparece en la mitología y en los ceremoniales de los chamanes: de entrada no observamos ninguna relación directa entre el hombre y el caballo; tan sólo una *invocación,* una asimilación por parte del hombre de ciertas cualidades o poderes en la figura del caballo, cualidad ésta, por cierto, que hallamos también presente en otras formas culturales.

El caballo actúa como *psicopompo* por excelencia. Al contrario que el ave, no lo hace en virtud de una capacidad especial —la del vuelo— , sino de un papel asignado por la imaginación mítica del hombre. Es la imagen y la representación mítica de la Muerte. Con su galopar aleja el alma del difunto hasta confines insospechados, hasta el otro mundo. En ocasiones, el chamán viaja también a lomos del caballo hasta el Reino de los Muertos. Pertenece, pues, al otro mundo y ejerce, como el chamán, un papel de pórtico entre ambas realidades. Galopa a la vez por las llanuras de la estepa y por las distintas regiones del universo; pertenece al mundo real y al de la imaginación mítica del hombre. Su presencia en la mitología y el ritualismo chamánicos es inevitable. Es el elemento propiciador del contacto entre los dos mundos, puesto que pertenece a ambos. Por eso es utilizado por el chamán, en varios textos y cantos, para inducir los estados de éxtasis que permiten el viaje del alma.

A pesar de no estar presente de una manera física en los rituales y ceremonias chamánicas, la presencia del caballo es, en muchas ocasiones, de suma importancia. Son muchas las ceremonias que utilizan la imagen —y el símbolo— del caballo para facilitar los trances de los chamanes. Entre los buriatos, se hace uso de unos palos de madera con la cabeza del caballo rallado en uno de sus extremos en el transcurso de sus danzas extáticas. Entre los macchis aracaunas existe un ritual análogo. Entre los batak, con motivo del sacrificio del caballo en honor de los antepasados, cuatro bailarines danzan sobre palos que tienen forma de caballo. En Java y en Bali también encontramos asociaciones entre la figura del caballo y la danza extática. Entre los garó, el caballo es pieza fundamental en el ritual de recolección, que también introduce la danza: con bambú representan la cabeza y las patas del animal, con tallos de plátano, el cuerpo; un hombre sostiene la cabeza con un palo mientras, con paso pesado, ejecuta una danza salvaje; vuelto hacia él, el sacerdote danza también, simbólicamente, y se dirige hacia el caballo (Eliade, 1951).

También entre los muría de Bastar se ha observado un ritual análogo. El gran dios Lingon Pen posee en un templo infinidad de caballos de madera, que son conducidos por médium con motivo de las festividades en su honor con la intención de inducir el trance extático o de ejercer como auxiliares en las labores de adivinación. El investigador Elwin, en su obra *The hobby horse*, lo describe de esta manera: "Observé, en Metawand, durante varias horas, las grotescas cabriolas de un médium que llevaba en hombros un caballo de madera que representaba al dios de su clan, y en Bandapal, mientras nos abríamos camino en la selva, para la *Manka Pandum* (consumación ritual de los mangos), otro médium que llevaba también en sus hombros un caballo imaginario, ir al paso, caracolear, piafar y cocear ante mi coche que avanzaba lentamente. [...] Lleva al dios en su espalda —me dijeron— y no puede dejar de bailar durante varios días seguidos. [...] Durante una boda en Malakot, vi a un médium montar en un curioso caballo de madera; vi a otro, al sur, en la región de Dhurwa, bailar a horcajadas sobre un caballo de madera parecido al anterior. En los dos casos, si algo turbaba el desarrollo de la ceremonia, el jinete caía en trance y podía entonces descubrir la causa sobrenatural del desorden" (Elwin, citado por Eliade, 1951).

La presencia del caballo como elemento inductor de los estados de trance o como *psicopompo* está también atestiguada en otros casos: en muchos pueblos de la India representan a sus muertos en lomos de un caballo, ya dispuestos a emprender su último viaje. Los Vil y los Korku graban en tablillas de madera caballos y jinetes y las depositan junto a las tumbas. Entre los Muria, los ritos funerarios van acompañados de cánticos en los que se cuenta como el muerto llega al otro mundo a lomos de un caballo; volveremos sobre este hecho posteriormente. Queda, según nuestra opinión, suficientemente atestiguada la importancia del caballo en los ritos propiciatorios de estados extáticos y en los funerarios. Su sola mención evoca, entre sociedades de carácter chamánico, realidades pertenecientes al otro mundo.

Los caballos antropomórficos también guardan una especial simbología y no es escasa su participación en mitos y ceremonias. Volviendo a los Muria, el caballo que lleva el alma del difunto al palacio que ha de servir de última morada para su alma tiene ocho patas. Entre los buriatos, el espíritu protector es también un caballo octópodo, fruto del matrimonio místico entre una mujer —casada en el mundo terrestre— y un espíritu ancestral: el marido de la mujer, al verlo, le corta cuatro de las patas y motiva la huida a otra aldea de la mujer. En los ritos y mitos de las "sociedades de hombres" germánicas y japonesas también los encontramos. En estos contextos culturales, los caballos polípodos, fantasmas o acéfalos forman parte del acervo mitológico y ejercen la doble función característica de ellos: funeraria y extática.

La relación entre el caballo y el chamán es también digna de estudio. Entre los buriatos son los caballos los encargados de llevar al chamán a su nueva morada cuando ha muerto. También entre los yakutos, que imaginan que el diablo, una vez muerto el chamán, vuelve del revés su tambor y, después de realizar tres agujeros con su vara, hace salir de éste una yegua con tres patas que se lleva el alma del chamán al otro mundo. Quemar pelos de caballo en una ceremonia chamánica equivale a evocar al animal mágico que ha de llevar a los chamanes al otro mundo; a veces, la presencia simbólica del caballo también se representa mediante una piel de yegua blanca sobre la que se sienta el chamán. Las relaciones entre ambos, caballo y chamán, vienen dadas por la similitud de las funciones que desempeñan en el entramado de simbolismos y significaciones que conforma el chamanismo. La presencia del caballo en este entramado es, de esta manera, similar a la del chamán, pero su naturaleza, en cuanto a fuerza y representación de lo sobrenatural y de su más oscuro misterio, la muerte, le confiere una aureola mítica que pocos animales poseen.

4.5. El perro. El lobo

El chamanismo no introduce ninguna novedad significativa en cuanto a la simbología mítica que rodea a la figura del perro. Aun así, y como sucede en otras culturas en las que el perro ocupa un lugar de cierta importancia en el imaginario del ser humano, este animal tiene en el chamanismo una serie de significados que merecen ser resaltados. En primer lugar, su labor ya conocida de guardían infernal: el chamán se encuentra con el perro funerario en su descenso al Reino de los Muertos, como lo encuentran las almas de los difuntos; también debe sortear su presencia para entrar y salir del inframundo, como lo hacen los héroes de otras mitologías que afrontan el descenso a los infiernos. Este simbolismo es propio de muchas otras culturas, en las que la figura del perro guardián forma parte de la tradición referente al infierno (Eliade, 1951).

En algunas sociedades secretas, que presentan una iniciación eminentemente guerrera, y que también practican ciertos rituales de orden extático, sí que se ha desarrollado una nueva significación en cuanto al perro, y sobre todo alrededor del lobo, con matices claramente esotéricos. En estas sociedades se practica un tipo de éxtasis cercano, en su forma y en su impacto emocional, a la licantropía. Estas sociedades, que en ocasiones practican el canibalismo, suponen que mediante el éxtasis los filiados se transforman en lobo. El tema es conocido en otras culturas, a veces como manía u obsesión individual y en otras como parte de ritos de sociedades secretas, sectas o grupos. Por otra parte, la asociación con el lobo guarda una significación necesariamente secreta y no compartida con el resto de la sociedad: el lobo es el depredador por excelencia, odiado y temido desde tiempos inmemorables por las poblaciones rurales y motivo de leyendas y fascinaciones en todas las culturas que lo conocen (Eliade, 1951).

De otro orden, pero relacionado también con la simbología del perro y el lobo, debemos mencionar la capacidad mítica de los chamanes para transmutarse en otros animales, siendo la del lobo una de las formas de la que más uso hacen. Esta transformación es, sin embargo, de una naturaleza distinta a la licantropía, y no conlleva de ninguna manera fines carnívoros. De nuevo se opera en un plano espiritual y no físico, y suele tener lugar de noche. El alma del chamán se transubstancia en lobo, entre las muchas encarnaciones que posee, y conoce la realidad desde los ojos del lobo. La creencia general es que, en el caso de que el lobo místico perezca durante esta incursión, el chamán sería encontrado también muerto en su tienda a la mañana siguiente. Se trata, pues, de un viaje más de los que realiza el chamán, si bien en esta ocasión no lo hace al otro mundo, sino a éste, y no viaja volando, sino en forma de lobo. Estas incursiones nocturnas de los chamanes son también causa de leyendas y fascinaciones entre los miembros de la comunidad. De igual manera, la transformación del chamán en otro animal es uno de los motivos más atestiguados en los mitos referentes a la creación del mundo, del hombre y, cómo no, del Primer Chamán.

4.6. La serpiente

Si hay un animal que ocupa el lugar de honor en la simbología ese es la serpiente. No sólo en el imaginario de las sociedades de carácter chamánico, sino en prácticamente todas las culturas, la serpiente es generadora de horror y fascinación al mismo tiempo. Sus significaciones se suceden de un extremo al otro, y es al mismo tiempo símbolo de vida y muerte, de conocimiento y misterio, del Bien y del Mal.

La sonrisa de la serpiente, esa perpetua prolongación de las comisuras de la mandíbula, su mirada callada, el reptar silencioso, todo en ella provoca reacciones en la imaginación mítica del hombre. Es, desde la antigüedad, protagonista por sí misma de la mitología, la religión y la leyenda. La tradición le ha reservado un lugar de honor entre los animales en cuanto a simbolismo se refiere. La serpiente es símbolo de lo invisible, del poder de la naturaleza, de la eterna juventud, de la curación y de la regeneración, de la seducción de lo oculto, de la sabiduría, de la maldad, del pecado, de la vida y la muerte, del terror, de la fascinación. Entre las tribus de indios norteamericanos, las serpientes revisten mensajes del otro mundo, son portadoras de los designios de los espíritus, en definitiva, intermediarias también, como el chamán, de todas las realidades que componen la existencia. La víbora era considerada como enlace entre el hombre y los dioses por mediación de los sueños y visiones de los chamanes. No son pocos los viajes del chamán en los que encuentra una o varias víboras, viejas, sabias, guardianas de una sabiduría ancestral. Su ambigüedad le otorga funciones que pueden ser tan beneficiosas como perjudiciales. Es utilizada para pedir protección en la caza, como guardiana del misterio de la vida que es. También enviada para matar a otras personas.

Otras serpientes alcanzan también niveles de simbolismo muy importantes. La serpiente coral, una de las especies más venenosas que existen, es interpretada como un funesto presagio. Entre algunas tribus no se pueden matar, los nativos no tienen más remedio que rogarles que se aparten de los caminos. Es también utilizada en crímenes pasionales, contra amantes sobre todo. Se distinguen, por ejemplo, dos serpientes de cascabel, la blanca, buena, y la negra, mala. En buenas circunstancias era utilizada para pedir valor, fuerza y protección en las cacerías, y en la vida en general. La serpiente toro, de gran fuerza y proporciones, era utilizada en los retos físicos y en los juegos como talismán. La simbología en torno a la serpiente no es, por supuesto, patrimonio exclusivo de los pueblos primitivos americanos. En Europa y en Asia gozan también de un gran protagonismo en el terreno de la religión y la mitología. Sin ir más lejos, la religión judaica la hace

responsable de inducir a la humanidad en el pecado
original, con lo cual su protagonismo en el drama religioso que da lugar al eterno sufrimiento humano es
preponderante. También las alucinaciones de místicos
y profetas son fecundas en mostrar la doble naturaleza
de la serpiente que, como sus sigilosos movimientos,
son capaces de mostrar la cara más profunda de la naturaleza y a la vez la más feroz y cruel.

Las serpientes juegan un importante papel en la religiosidad de los pueblos americanos sobre todo. El clima, la exuberancia de la vegetación que las oculta, la
capacidad para "fundirse" en el paisaje, ya se trate del
frondoso tapiz húmedo de la Amazonia como de las
secas praderas norteamericanas y su obligada convivencia con el hombre de estas culturas la hacen protagonista de innumerables relatos, leyendas y mitos. En
el centro de culto maya de Palenque, que forma uno de
los conjuntos arquitectónicos más bellos de esta cultura, en donde esculturas, templos y sepulturas constituyen un todo perfectamente orgánico y representativo
del traspaso de poder de un rey difunto a su hijo; allí
aparece una muy significativa muestra del papel de la
serpiente en la existencia: la tapa del sarcófago del fun-
dador de la dinastía, Pacal, muestra en el centro un "eje
del mundo" que aparece simbolizado como árbol fan-
tástico a cuya sombra tiene lugar la citada transmisión
de poder y autoridad entre el soberano difunto, Pacal, y
su hijo Chan Bahlum. En la copa del árbol, fauces de
serpientes enjoyadas simbolizan el cielo; en el tronco

otras serpientes simbolizan también la Tierra; y más abajo, el árbol hunde sus raíces en la gran boca de la serpiente de los infiernos. Las serpientes muestran bocas cuadrangulares y en el tronco, entre ellas, hay seres vivientes que simbolizan la sangre del sacrificio. Enroscada en el tronco del árbol, descansando en las ramas, se encuentra una serpiente bicéfala, probable símbolo del poder real y del orden social en general, pero también del orden natural y del ciclo de la vida. Bajo el árbol está el Sol, suspendido en el vacío, que se mantiene en equilibrio entre la noche y el día, de nuevo entre la vida y la muerte (Carrasco, 1991).

Entre los pueblos de Mesoamérica es particularmente remarcable el culto tolteca a Quetzalcóatl, dios serpiente y último rey del reino mítico de Tula, o Tollan. El culto a este dios, sobre el que el investigador H. B. Nicholson realizó su tesis *The Topiltzin Quetzalcoalt of Tallan Tale,* se encuentra disperso en gran números de culturas de la zona. Nicholson encontró en 75 fuentes primarias de antes y después de la conquista de Mesoamérica la misma tradición narrativa acerca de las siete épocas de la vida de Quetzalcóatl Topiltzin, cuyo culto encontraría su apogeo después de la caída de Teotihuacán, ciudad rival de la gran Tula. La singularidad de este culto es la doble naturaleza del dios, que es personaje histórico, rey que huyó apresuradamente del mítico reino pero juró regresar, y su representante mítico, Quetzalcóatl la serpiente emplumada, símbolo de la energía sagrada de la vida y creador del mundo, y su hermano gemelo, Tezcatlipoca, la serpiente negra y causante de la huida del rey. Ambos gemelos son hijos de la serpiente cósmica Coatlicue. El esquema del mito es claramente dualista, pero sus protagonistas y generadores del drama de la existencia son serpientes. El ejemplo más notable del culto a Quetzalcóatl lo constituye el templo en su honor de la ciudad de Teotihuacán, donde la cabeza del dios emplumado se distingue en uno de los frisos con especial expresión socarrona; las representaciones del dios serpiente, de mayor tamaño del habitual, parecen estar a punto de saltar desde las paredes del templo, mientras muestran sus enormes fauces abiertas por las que asoman gigantescos y puntiagudos dientes blancos, curvos. Tras las fauces, centellean los negros ojos de obsidiana. Las cabezas se apoyan en cuerpos estilizados de serpiente, dispuestos horizontalmente como una banda ondulada, con moluscos y animales acuáticos incrustados en ellas (Carrasco, 1991).

El mito de la serpiente creadora también lo encontramos entre los aborígenes, si bien ellos carecen de representaciones escultóricas de la fuerza e impacto del centro del continente americano. Entre las tribus del norte de Australia, la Serpiente Irisada, cuyos poderes eran simbolizados por cristales de cuarzo, era la divinidad creadora del mundo, fuerza de la fecundidad universal, principio cósmico de la vida. Su apariencia y significado varían de tribu a tribu, pero es siempre quintaesencia del agua vivificadora, causa primera de la creación.

De la Serpiente Irisada surgieron los *wondjinas,* entes espirituales en todo iguales al hombre pero sin boca, que configuraron el paisaje y dieron la vida a los hombres, plantas y animales. Al terminar su trabajo, volvieron silenciosamente a la Serpiente, pero parte de su energía quedó en la Tierra, en forma de oscuros nubarrones que presagian la lluvia y de "espíritus-hijo", que esperan introducirse en el feto de una mujer embarazada (Stöhor, 1991).

Ya vimos antes como los desanas y barasanas creían que los antepasados míticos habían poblado sus territorios actuales navegando encima de una serpiente acuática que les servía de canoa. En el chamanismo desana es habitual la figura de dos serpientes entrelazadas. Estas dos serpientes simbolizan un principio femenino y masculino, una imagen de una madre y un padre, agua y tierra...; brevemente, representan un concepto de oposición binaria que debe ser superada para alcanzar la conciencia e integración individual. Se imagina que las serpientes dan vueltas en espiral rítmicamente en un movimiento oscilante de un lado a otro. Este simbolismo de la doble serpiente entrelazada ha sido investigado por el científico estadounidense Jeremy Narby, que ha creído encontrar una relación entre las hélices que simbolizan las dos serpientes y las pertenecientes al ADN humano como principio de la vida. Narby, que partió al Amazonas para demostrar que el aprovechamiento de los recursos de los nativos era "inteligente" desde su época, quedó fascinado por la intuición del saber chamánico, y fruto de este contacto es su libro *La serpiente cósmica,* donde desarrolla a fondo las posibles implicaciones de los estados alterados de conciencia chamánicos, el origen y la constitución molecular de la vida —en definitiva, del ADN— y la simbología alrededor de la serpiente de una manera francamente interesante.

Entre los kogi se observan figuras de serpientes en trabajos finos de orfebrería muisca. Posiblemente se trata ante todo de representaciones de las serpientes míticas que, según las tradiciones, vivían en el fondo de lagunas tales como Guatavita o Iguaque y eran seres humanos transformados. Según los mitos de los indios de la Sierra Nevada de Santa Marta, muchas de las numerosas lagunas que yacen al pie de los nevados están habitadas por grandes culebras que se encuentran allí desde la creación del mundo. En todas estas tradiciones se trata de un simbolismo muy ambivalente; la imagen de una gran serpiente devoradora que existe en las aguas se asocia con una imagen materna que conlleva un significado doble, de peligro y de protección. Se trata aquí de un arquetipo muy difundido por el mundo entero; en Colombia la gran serpiente es un monstruo chamánico y aparece en alucinaciones y mitos, no como determinada especie zoológica sino como pesadilla o augurio. Se ha dicho ya que hay una representación muisca, en forma de serpiente con cara humana (Reichel-Dolmatoff). De nuevo observamos como la serpiente juega un papel fundamental tanto en la creación del mundo como en el más profundo subconsciente humano.

El propio Don Juan Ruiz, chamán de reconocido prestigio y gurú del chamanismo esencial, en su ya citada charla sobre el trabajo del autodescubrimiento, cita a la serpiente como elemento representativo de los temores más profundos que puede sentir el hombre, y nos indica que en un viaje extático probablemente deberíamos enfrentarnos a estos temores que adoptan formas de serpientes:

Entonces cuando uno entra en contacto con una experiencia transpersonal y observa en primer lugar una serpiente, por ejemplo, que uno no comprende, que no entiende, que está amenazando, entonces uno puede tener miedo y el cobarde se retira y el cobarde acaba. Pero sin embargo cuando uno reconoce que es un espejismo o también cuando uno puede decodificar esa información, decir esta serpiente me está engendrando miedo y yo me relajo, entonces el Espíritu entra a través de la intuición y nos dice: "¡Ah!, esta serpiente, está relacionada con un miedo a enfermar", por ejemplo. Pero como estamos desde el corazón, haciendo el viaje desde el corazón, sabremos que no es necesario ese miedo a enfermar, es simplemente un temor irracional que se ha incorporado en nuestra mente, en nuestra psicología, de alguna manera porque quizás nuestra abuela se acaba de morir de cáncer y nosotros también pensamos

que nos va a dar cáncer y que nos vamos a morir de
la misma manera y que vamos a morir jóvenes. Entonces lo primero que aparece es el temor más fresco,
más reciente: una serpiente, un dolor, un duelo. Son
cosas que no existen, no son reales, son una locura.
Pero otro hombre inteligente diría: "A ver: ¿qué es
esta serpiente?", y descubre que es un temor al miedo, es un ejemplo simplemente, de acuerdo. Pero
también tiene en ese momento la oportunidad de
desbaratar ese miedo hacia la enfermedad y entonces continúa caminando y llega a la otra orilla y tiene
una experiencia con el Espíritu.

Luego, si otra vez aparece la misma serpiente, se dirá:
"Bueno, ya conozco a esta serpiente, ya tengo un recuerdo de lo que es el miedo a enfermar, pero conti-
núo adelante", y ese continuar y esa comprensión
hace que esa serpiente en la próxima experiencia ya
no aparezca.

Como vemos, la serpiente es pródiga en significaciones, simbolismos y significados. El chamanismo
amerindio ha adoptado muchos de los conceptos religiosos que se daban en las culturas maya y azteca; de
este sincretismo se ha derivado la veneración por la
serpiente como fuente de vida y conocimiento. Por supuesto, y nombrando otra vez más la capacidad del
chamán americano de transformarse en multitud de
animales, la serpiente es una de las encarnaciones que

más fascinación despierta, y a esos estados en los que se convierte en serpiente se asocia mucho del saber oculto del chamán. De igual manera, la serpiente ejerce también de *axis mundi,* eje del mundo, por la que el chamán debe trepar o dejarse arrastrar en el transcurso del vuelo de su cola. La serpiente bicéfala también aparece en los viajes extáticos chamánicos, al igual que las dos serpientes entrelazadas ya comentadas. Si bien en el chamanismo sudamericano la serpiente es eminentemente terrestre, tampoco faltan las acuáticas, de gigantescas proporciones y origen mítico, si cabe aun más amenazantes y sugestivas en el acervo popular que las que reptan por los suelos y amenazan con su picadura en cualquier momento. La serpiente, como reina del saber oculto y poseedora de la fuerza y el poder de la naturaleza, es eminentemente ambigua, genera una primera desconfianza y temor por lo desconocido del mensaje que conlleva y a la vez es odiada por su mortal efectividad.

Otros reptiles gozan también de una rica simbología entre los pueblos de América, si bien su importancia palidece en cuanto se les compara con la serpiente. Sin embargo, es interesante remarcar el simbolismo que encierran ciertos animales cercanos a la ya comentada serpiente. De especial relación con los chamanes es el caimán, identificado con la mala suerte y con las artes del chamán, que lo envía para provocar la muerte de aquel que lo ve. También la rana y, sobre todo, el sapo, evocan en los nativos de América a los chamanes: consideradas como curativas y portadoras de la fortuna, las ranas son mensajeras de la lluvia y conocedoras del poder de las aguas; los sapos ejercen un papel de portadores de las cualidades de la naturaleza, simbolizan el saber del chamán sobre las propiedades de las plantas y los árboles, y del reino acuático en general. Los lagartos son también intermediarios entre los dos mundos: se aparecen sobre todo en sueños y visiones, para enviar mensajes del más allá; son también enviados para espiar y observar el transcurso de los acontecimientos; su naturaleza pacífica e inofensiva les confiere también cualidades protectoras, en especial de los niños y los ancianos. La tortuga finaliza nuestro recorrido por la simbología de los reptiles, y de los animales en general. Considerada sagrada entre muchas tribus, la ingesta de su carne constituye uno de los tabúes más frecuentes entre las sociedades amerindias que practican el chamanismo, en especial las de Norteamérica; signo de buena suerte, de placidez y armonía entre el hombre y la naturaleza, protectora de la salud, de la vida en comunidad, del matrimonio. Su caparazón, contrariamente a la carne, constituye un muy apreciado regalo, es especial si se trata de una pedida de mano o de un rito de carácter matrimonial.

4.7. Orografía del otro mundo

Los chamanes no ocultan el saber del que disponen, ni su experiencia. Muy al contrario, como comunicadores que son, su misión es la de acercar los dos mundos. De esta manera, interceden por los miembros de su comunidad ante los espíritus, explicándoles en muchas ocasiones las causas de la flaqueza humana para que ellos les alivien la dureza de la existencia. Y también ilustran a la misma comunidad sobre la naturaleza del otro mundo, sobre su constitución, sus ríos y montañas, sus pobladores, sus peligros y sus colores y texturas. Con ello pretenden dar seguridad y una sensación de conocimiento de las fuerzas que rigen el universo a los hombres, temerosos de todo aquello que no comprenden. La especial naturaleza del trance chamánico, que permite que el chamán recuerde todo aquello que ha vivido en el transcurso del mismo, facilita la labor: el chamán no omite ni un detalle, sólo aquellos que los espíritus no consideran aptos para ser conocidos por el hombre. Sus relatos son fantásticos, incluyen los detalles de sus encuentros con los demonios, de las pruebas iniciáticas que debe afrontar, de sus conversaciones con los espíritus.

La constitución del otro mundo es tan difícil de precisar como cabe imaginar. Varía dependiendo de los elementos culturales de cada sociedad y de los personales de cada chamán en particular. En algunas ocasiones, el otro mundo es una representación fiel y exacta del terrestre, y el chamán se encuentra con diversos animales, espíritus encarnados. Otras veces, los espíritus son invisibles. En ocasiones hablan y en otras no. En ocasiones tienen nombre y en ocasiones no. A veces son benéficos, otras veces no. Entre algunas tribus del Amazonas son flechas que se lanzan de uno a otro chamán; otras veces son animales muertos que se introducen en el cuerpo humano. El chamán viaja a lomos del caballo por los montes y praderas o por los cielos, entre las nubes. El chamán es un pájaro que se posa en un árbol que es, en realidad, un eje del mundo, por el que puede descender de nuevo al mundo terrestre, o bajar más abajo aun, a las regiones subterráneas, donde existe otro mundo. El mundo subterráneo es a veces una gruta, una cueva, un laberinto de roca. Otras veces, el mundo subterráneo tiene un cielo, que es nuestro suelo. Las almas de los muertos siguen viviendo allí. Ese infierno es una réplica exacta de este mundo, donde cada uno prolonga la vida que llevó en la Tierra; otras veces es un lugar donde cada uno ocupa el lugar de su posición, de sus méritos, de su profesión o, en el caso de los chamanes, de su sabiduría, su valor y su poder. También puede ser un lugar aislado, solitario, blanco o una casa en el campo donde las almas viven junto a sus antepasados.

A veces, el otro mundo es también el Mundo Primordial, el paraíso perdido y llorado por los hombres. De allí salió, o fue expulsado el hombre, y allí volverá cuando muera. Ese mundo es entonces un mundo rico, exuberante. Viven allí animales míticos, cisnes gigantes, dragones, serpientes, caballos de ocho patas, pájaros, búfalos, toros, lobos y zorros. La caza es abundante y el hombre no debe guardar equilibrio alguno; por romper ese equilibrio fue expulsado, y la nostalgia de ese tiempo es la angustia que experimenta. Si el hombre, cuando muere, vuelve al paraíso que recuerda en su imaginación, no siente esa angustia. A ese mundo a veces se llega trepando a un árbol; otras veces a un poste, a una columna. Se puede llegar con una cuerda mágica o una soga mítica a las regiones celestes del cosmos, incluso enganchado a la cola de una serpiente con dos cabezas. También a lomos de un caballo que vuela, o que se aleja hasta las profundidades de la selva en un loco galopar. A veces, hay escaleras que llegan directamente al cielo o al infierno. Otras veces, sólo se puede llegar siendo pájaro, lobo, serpiente o dragón. Se encuentran palacios de cristal, de espejos, de piedras preciosas, chozas o montes y collados e incluso grietas que se abren y cierran en un segundo, puertas que comunican todas las esferas de la existencia. Se encuentran también ríos, en ocasiones anchos, plácidos. Otras veces torrenciales, desbocados, cargados de trampas y piedras resbaladizas. Y mares, tan antiguos como el tiempo, donde existen criaturas míticas, serpientes gigantes, peces y aves, seres antropomorfos.

En ocasiones, los chamanes no pueden explicar todos los matices de sus experiencias con palabras, por muy hábiles que sean en el manejo de las metáforas y las alegorías. Entonces se apoyan en dibujos, que son de una inestimable ayuda, sobre todo para el investigador ajeno a su cultura, al que en muchas ocasiones se le escapa la "equivalencia" de ciertos elementos. Los dibujos son también de una naturaleza dispar, imposible de precisar. A veces son simples esbozos, líneas que evocan una figura o un perfil. Otras veces observamos sencillas representaciones de actos o hechos fácilmente entendibles, de un estilo casi infantil. Y en otras ocasiones son auténticas filigranas geométricas, combinaciones de ángulos y rectas en todas las direcciones y sentidos, o perfectamente ordenadas de tal manera que forman una sola figura o un mosaico de diferentes dibujos y representaciones. A veces pueden ser de un detallismo relevante, que precisa las vestimentas, las formas del relieve. Aparecen también animales fantásticos, con formas imposibles, sin cabeza, con alas, con patas de búfalo, cola de águila y cuerpo de serpiente; cualquier combinación es posible. En los dibujos de los chamanes encontramos también combinaciones de elementos, repeticiones de un mismo elemento, series de ideas que se suceden, a veces con un patrón aparente y a veces sin él. Algunas veces los dibujos de los chamanes se asemejan más a los problemas de matemáticas que al arte.

En resumen, no podemos, pues, precisar de ninguna manera cómo es el otro mundo, al menos desde nuestra perspectiva occidental, que exige una generalización, unos aspectos concretos que lo definen. La naturaleza del chamanismo, pese a nutrirse de elementos sociales y culturales, trabaja con el propio subconsciente del chamán. Lógicamente, no hay dos mentes iguales en todo el universo. Cada chamán interpreta el otro mundo según los elementos con los que le ha dotado la naturaleza que le rodea, la cultura donde ha nacido y su propia experiencia personal. Los elementos comunes, los que se derivan del paisaje que le rodea y conforma la cultura que le envuelve, toman en su conocimiento un papel de encarnación de alguna otra fuerza sobrenatural, una idea, un concepto, un espíritu. No pueden coincidir dos mundos iguales, por lo menos en el más allá. Ni siquiera el chamán sabe que se va a encontrar en las regiones que todavía no ha visitado. No sabe si allí habrá lobos o piedras que hablen, o sólo hielo, o sólo el cielo. No sabe si allí brilla el sol, o los soles, o si, por lo contrario, reina la más absoluta oscuridad.

TÍTULOS DE ESTA COLECCIÓN

Chamanismo. Puerta entre dos mundos
Pedro Javier Ruiz

Código Da Vinci. La leyenda del Santo Grial
José A. Solís

En el jardín del deseo
Leon Whiteson

El código de Dios
Gregg Braden

El código Jesús
John Randolph Price

La conspiración del Grial
Lynn Sholes & Joe Moore

La cosmología oculta de la Biblia
Gordon Strachan

Los templarios.
Juan Pablo Morales Anguiano

Misterios y secretos de los templarios
Lionel & Patricia Fanthorpe

Impreso en Offset Libra

Francisco I. Madero 31

San Miguel Iztacalco,

México, D.F.